Der Amerikanische Krieg

Der Amerikanische Krieg

Erinnerungskultur in Vietnam

Andreas Margara

Die Deutsche Bibliothek – CIP-Einheitsaufnahme

Der Amerikanische Krieg – Erinnerungskultur in Vietnam
Andreas Margara
Berlin: regiospectra Verlag 2012

ISBN 978-3-940132-48-2

Layout: regiospectra
Cover: regiospectra
Coverfoto: Nguyen Manh Hung

Printed in Germany

Besuchen Sie unsere Webseite: www.regiospectra.com

DANKSAGUNG

Mein Dank richtet sich an alle, die mir dabei geholfen haben, die vielen Gesichter und spannenden Seiten Vietnams zu entdecken: Mai Lan Thai, Huynh Thu Huong, Marina May, Binh, Phuong, Thu, Van, Annkatrin, Thorben und Brian Ring.

Außerdem möchte ich mich für die Unterstützung bei Nguyen Manh Hung, Benjamin Hemer, Dr. Almuth Meyer-Zollitsch (Goethe-Institut Hanoi), Prof. Dr. Manfred Berg, Dr. Heinz Schütte, Dr. Michael Waibel und Dr. Alexander Häntzschel bedanken.

Nicht zuletzt danke ich auch Familie Margara, Laura & Sophia.

Für den Text, inklusive möglicher Fehleinschätzungen, bin allein ich verantwortlich.

Andreas Margara
Mannheim im August 2012

INHALT

Vietnam 1975

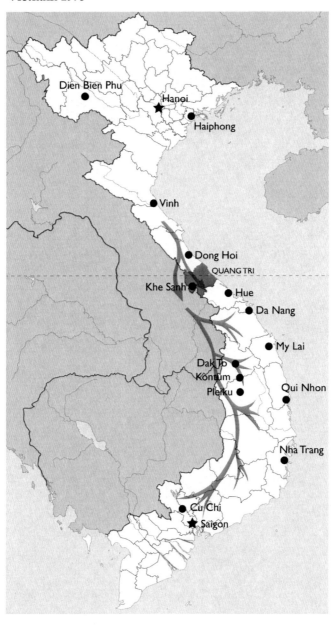

1 EINLEITUNG

Im November 1995 trafen sich zwei alte Männer in Hanoi, die sich 30 Jahre zuvor noch als erbitterte Feinde gegenübergestanden hatten: Robert S. McNamara, 79 Jahre, und der 84-jährige Vo Nguyen Giap. Als Führungsköpfe der Kriegsparteien kämpften sie ab Mitte der 1960er Jahre zwar im gleichen Krieg gegeneinander – der Kontext ihres jeweiligen militärischen Engagements unterschied sich jedoch gewaltig. Für den amerikanischen Verteidigungsminister McNamara bedeutete der in den USA als ‚Vietnamkrieg' bezeichnete Konflikt in erster Linie eine realpolitische Intervention innerhalb des Kalten Krieges. Einschätzungen von Experten aus dem Pentagon zufolge musste Südvietnam militärisch unterstützt werden, damit es nicht als wiedervereinigtes Vietnam an den kommunistischen Machtblock unter Hegemonie der Sowjetunion fallen und als erster von vielen ‚umstürzenden Dominos' noch weitere asiatische Länder zu Fall bringen würde. Für General Giap, der Vietnam 1954 mit einem entscheidenden Sieg des Vieth Minh[1] in der Schlacht von Dien Bien Phu aus der französischen Kolonialherrschaft führen konnte, bedeutete der in seinem Land als ‚Amerikanischer Krieg'[2] (*Chien tranh chong my*) bekannte Konflikt hingegen eine weitere Etappe im Kampf um nationale Befreiung, Selbstbestimmtheit und die Wiedervereinigung Vietnams.

---

[1] Viet Minh (Kurzform von *Viet nam doc lap dong minh hoi*) ist eine vietnamesische Unabhängigkeitsbewegung, die 1941 von u.a. Ho Chi Minh gegründet wurde.

[2] Als „Amerikanischer Krieg" wird im Nachfolgenden der im Westen allgemein als „Vietnamkrieg" oder „Zweiter Indochinakrieg" bekannte Konflikt – zwischen südvietnamesischen und amerikanischen Streitkräften auf der einen und Guerillakämpfern der Nationalen Befreiungsfront (NLF) und regulären nordvietnamesischen Streitkräften auf der anderen Seite – bezeichnet, da die Analyse aus vietnamesischer Perspektive erfolgt. Als „Vietnamkrieg" wird der Konflikt nur bezeichnet, wenn es sich um eine explizit amerikanische Perspektive handelt.

Als sich die beiden früheren Entscheidungsträger in den 1990er Jahren zu ihrer Unterredung trafen, wollte McNamara mit Giap die gegenseitigen Standpunkte während der Kriegszeit noch einmal gemeinsam überprüfen, um mögliche Missverständnisse und verpasste Chancen zwischen Washington und Hanoi aufklären zu können. Wie sich herausstellte, waren jedoch auch die retrospektiven Ansichten auf den Krieg noch immer grundlegend verschieden.

> *Robert McNamara:* "We need to draw lessons which will allow us to avoid such tragedies in the future."
> *Gen. Vo Nguyen Giap:* "Lessons are important. I agree. However, you are wrong to call the war a "tragedy" [...]. Maybe it was a tragedy for you, because yours was a war of aggression, in the neocolonialist "style," [...] you failed; men died; so, yes, it was tragic, because they died for a bad cause. But for us, the war against you was a noble sacrifice. We did not want to fight the U.S. [...]. But you gave us no choice. Our people sacrificed tremendously for our cause of freedom and independence. There were no missed opportunities for us [...]. I agree that *you* missed opportunities and that *you* need to draw lessons. But us? I think we would do nothing different under the circumstances.[3]

Während McNamara in der Diskussion Lehren aus dem Krieg ziehen wollte und sich dabei auch Eingeständnisse von Fehlern auf vietnamesischer Seite erhofft hatte, versteht Giap sich aus vietnamesischer Perspektive als Opfer ausländischer „Aggression" und sieht somit auch keine Erfordernis darin, sich kritisch mit der eigenen Kriegsvergangenheit auseinanderzusetzen. Welche Rolle der Amerikanische Krieg in Vietnam tatsächlich spielt, in welcher Form er aufgearbeitet und die Vergangenheit bewältigt werden konnte, ist Gegenstand dieser Untersuchung.

Für gewöhnlich wird Geschichte von den Siegern geschrieben – nicht im Falle des Krieges in Vietnam. Über den Umgang des siegreichen Vietnams mit dem gewonnenen Krieg ist verhältnismäßig wenig bekannt, vergleicht man die bis heute anhaltende Flut an US-perspektivischen Darstellungen.[4] „More words than bullets had been expen-

---

[3] Dialog zitiert nach: McNamara, Robert S. et al., Argument Without End: In Search of Answers to the Vietnam Tragedy, New York [u.a.] 1999
[4] Frey Marc: Rezension von: Großheim, Martin, Die Partei und der Krieg: Debatten und Dissens in Nordvietnam, Berlin 2009. In: H-Soz-u-Kult (April 2011), URL: www.h-net.org/reviews/showrev.php?id=32976 [18.05.2011]

ded on that war", resümiert Philip Caputo im Nachwort von *A Rumor of War* – seiner autobiografischen Erzählung über den Vietnamkrieg.[5] Amerikanische Veteranen haben Memoiren, Gedichte und Lieder geschrieben. Bis heute ist der im kollektiven Gedächtnis verankerte Vietnamkrieg ein präsentes Thema in der amerikanischen Öffentlichkeit. Vietnam – unter amerikanischen Veteranen auch schlicht „Nam" genannt – steht dabei metonym für mehr als nur einen Krieg. Es steht für ein nationales Trauma,[6] das seit dem amerikanischen Rückzug aus Südostasien noch jedem nachfolgenden US-Präsidenten bis hin zu Barack Obama als mahnendes Beispiel für eine militärische Intervention vorgehalten wird.[7] Hollywood hat sogar ein eigenes Filmgenre zum Thema „Vietnamkrieg" geprägt. Unterschiedlichste Blickwinkel wurden dabei aufgezeigt: vom konventionellen Zeitsoldaten der US-Armee *(Platoon)* über den amerikanischen Radiomoderator Adrian Cronauer *(Good Morning Vietnam)* bis hin zum traumatisierten und verwundeten Heimkehrer *(The Deer Hunter, Coming Home)*. Vernachlässigt wurde bei der Beschäftigung mit dem eigenen Trauma jedoch schlicht eines: die vietnamesische Perspektive.[8]

Ist Vietnam trotz seines militärischen Sieges der eigentliche Verlierer? Hunderttausende Vermisste und mehrere Millionen Tote hat der Krieg gefordert. Hütten und Häuser wurden zerstört. Millionen Tonnen von Bomben haben ganze Landstriche in Vietnam verwüstetet. Sind es diese Statistiken, die Giap als „noble sacrifice" bezeichnet? Selbst an Veröffentlichungen, die sich wissenschaftlich mit der vietnamesischen Perspektive auseinandersetzen, mangelt es. Wie wurde der Amerikanische Krieg aufgearbeitet? In welcher Form wird heute

---

[5]   Zitiert nach: Caputo, Philip, A Rumor of War, New York 1996, S. 349
[6]   McNamara, Robert S. und VanDeMark, Brian, Vietnam: Das Trauma einer Weltmacht, München 1997
[7]   Baker, Peter, „Could Afghanistan become Obama's Vietnam?". In: *The New York Times* (23.08.2009). URL: www.nytimes.com/2009/08/23/weekinreview/23baker.html [15.05.2011]
[8]   Vgl. Anderson, David, Appy, Christian, Bradley, Mark P., et al, „Interchange: Legacies of the Vietnam War". In: The Journal of American History, September 2006, S.454

daran erinnert? Wie wird der Krieg repräsentiert und wie wird darüber in Vietnam diskutiert? Wie sieht der Umgang mit dem Krieg und seinen Folgen nach der Wiedervereinigung 1976 unter einer sozialistischen Regierung für Gesamtvietnam aus?

Ein erstes Standardwerk zur Erinnerung und Repräsentation des Krieges in Vietnam wurde 2001 mit *The Country of Memory: Remaking the Past in Late Socialist Vietnam* von Hue-Tam Ho Tai von der Harvard University herausgegeben. Verschiedene Aspekte wie die Manifestation einer staatlich konstruierten Erinnerungskultur in der Öffentlichkeit und der private Umgang mit den unmittelbaren Kriegskonsequenzen finden darin Ausdruck. Jedoch werden auch wichtige neue Fragen aufgeworfen, die es noch zu erforschen gilt. Mittlerweile sind zwei Drittel der Bewohner Vietnams nach dem Kriegsende geboren worden und haben keine lebhafte Erinnerung mehr an den Krieg. Notgedrungen hat die Kommunistische Partei Vietnams (KPV) auf ihrem VI. Parteikongress 1986 ein staatlich gelenktes Erneuerungsprogramm *(Doi moi)* eingeleitet. Obwohl die Agenda rein wirtschaftliche Aspekte beinhaltete, nährte die Ankündigung grundlegender Reformen auch Hoffnungen auf eine sukzessive außenpolitische Öffnung des über Jahrzehnte hinweg isolierten Staates. Durch die Wiedereingliederung in die internationale Gemeinschaft, die Wiederaufnahme wirtschaftlicher Beziehungen zu den USA und die Öffnung für den internationalen Tourismus erhält Vietnam permanent neue Impulse. Auch wenn die KPV weiterhin eisern auf ihr innenpolitisches Entscheidungsmonopol pocht und damit die Türen für einen politischen Pluralismus fest verschlossen hält, befindet sich seit Mitte der 1990er Jahre zumindest die vietnamesische Gesellschaft in einem augenscheinlichen Prozess des Wandels. Wie die Aufarbeitung des Krieges im Angesicht dieses Transformationsprozesses in Vietnam beeinflusst ist, soll in dieser Studie ebenfalls analysiert werden.

Das Interesse gilt dabei zunächst der Nachkriegsperiode bis 1986. Anhand der öffentlichen Repräsentation des Amerikanischen Krieges, die sich in Kriegerdenkmälern, Soldatenfriedhöfen, Gedenkstätten, Museen, Ausstellungen und Gedenktagen widerspiegelt, soll aufgezeigt werden, wie der sozialistische Staat eine offizielle *narrative*[9] des Krieges konstruiert hat und inwieweit er diese als Mittel der Propaganda für seine Legitimation eingesetzt hat. Signifikante ‚Erinnerungsorte' *(lieux de mémoire)* des Amerikanischen Krieges in Vietnam sollen dazu auf ihr Wirkungspotential untersucht werden. Anschließend soll das nichtstaatliche Gedenken an den Krieg, das weitgehend im privaten Raum stattfindet und sich durch Rituale und familiäre Traditionen ausdrückt, beleuchtet werden.

Im zweiten Schritt richtet sich der Fokus auf die seit der Wirtschaftsreform stattfindende Transformation der vietnamesischen Gesellschaft. Dabei soll ausgearbeitet werden, welche Veränderungen in der öffentlichen Repräsentation und im Gedenken an den Krieg durch die ab Mitte der 1980er Jahre eingeleiteten Doi-moi-Reformen eingetreten sind. Schwierigkeiten und Spannungsfelder ergeben sich dabei insbesondere durch die Wiedereingliederung Südvietnams und sogenannte Cleavages, die sich in der Reformzeit offenbart haben. Eine essentielle Rolle spielen hierbei die Gegensätze der Geschlechter und Generationen wie auch das Stadt-Land-Gefälle. Nicht zuletzt hat auch der ansteigende Tourismus Einfluss auf die vietnamesische Erinnerungskultur, da er als bedeutender Wirtschaftsfaktor mittlerweile von staatlicher Seite gefördert wird.

Neben einer breiten Basis an Sekundärliteratur und einer fundierten Quellenlage für die amerikanische Perspektive auf den Vietnamkrieg steht der Historiker in Vietnam noch immer vor staatlich verschlossenen Archiven und versiegelten Akten. Durch Feldforschungen in Zentral- und Südvietnam und einem längeren Aufenthalt in Hanoi konnte ich den Großteil der in der Studie analysierten Denkmäler, Museen und Gedenkstätten selbst besuchen und mich mit Fachpersonal vor Ort austauschen. Eine bedeutende Grundlage neben Hue-Tam Ho Tais Sammelband bilden die Dissertationen von Christina Schwenkel *The American War In Contemporary Vietnam: Transnational Remembrance and*

---

[9] Als *narrative* (aus dem engl.) wird im Nachfolgenden eine staatsperspektivische Deutung der Geschichte bezeichnet. Begriff nach: Hue-Tam Ho Tai [Hrsg.], The Country of Memory: Remaking the Past in Late Socialist Vietnam, Berkeley [u.a.] 2001

Representation (2009) und *Revisiting Vietnam: Memoirs, Memorials, Museums* (2006) von Julia Bleakney sowie Christian Appys Auswertungen aus Gesprächen mit Zeitzeugen *Patriots: The Vietnam War Remembered From All Sides* (2003). Durch die strikte Zensur wissenschaftlicher Werke nehmen außerdem die seit Anfang der 1990er Jahre erschienenen revisionistischen Romane von Autoren wie Duong Thu Huong oder Bao Ninh eine zentrale Rolle bei der Analyse der Erinnerungskultur in Vietnam ein. Die vorwiegend geschichtswissenschaftlich orientierte Untersuchung beinhaltet deshalb auch interdisziplinäre Ansätze.

Erbschaften des Krieges

Anders als in den USA, wo der Krieg seine unmittelbaren Spuren zunächst in der Psyche von Veteranen oder an deren verwundeten Körpern hinterlassen hat, ist der Krieg an seinem Austragungsort Vietnam bis heute im Alltag präsent – wenn auch manchmal erst auf den zweiten Blick. Während die amerikanische Regierung insgesamt 2,8 Millionen Soldaten nach Vietnam geschickt hat, haben in Vietnam mehr als 40 Millionen Menschen den Krieg durch Kampfhandlungen und Bombardements am eigenen Leib erfahren. Viele davon wurden gezwungenermaßen Teil der militärischen Auseinandersetzung.[10]

Obwohl beide Nationen noch immer an einem kollektiven Kriegstrauma leiden, ist Vietnam als Land gleichzeitig von direkten Kriegsfolgen wie zerstörter Infrastruktur, verwüsteten Landstrichen, Bombenkratern, Blindgängern, Landminen und den verheerenden Nachwirkungen von im Krieg eingesetzten Herbiziden wie *Agent Orange* nachhaltig beeinträchtigt. Giftige Rückstände in einst stark besprühten Gegenden verursachen auch bei Folgegenerationen noch Fehlgeburten und

---

[10]   Statistischen Angaben der Weltbank zufolge hatte Vietnam in der Mitte des Amerikanischen Krieges (1970) eine Bevölkerung von ca. 43 Millionen Menschen. Weltbank Länderinformationsdatenbank Vietnam: data.worldbank. org/ [02.06.2011]

Missbildungen bei Säuglingen.[11] In der während des Amerikanischen Krieges intensiv umkämpften Provinz Quang Tri, durch die mit dem 17. Breitengrad die ehemalige Trennungslinie zwischen Nord und Süd verläuft, sind noch immer knapp 100.000 Hektar Land von Minen, Bomben und Granaten verseucht. Zwischen 1975 und 2000 sind dort nicht weniger als 8.500 Personen durch Restmunition gestorben – darunter etwa 7.000 Kinder.[12] An vielen Stellen weisen deshalb kindgerechte Aufklärungsschilder über die noch immer akute Minengefahr hin. Für den risikoreichen Schulweg der Kinder gibt es ein spezielles Handbuch, das den Umgang mit Blindgängern erläutert. Der Alltag inmitten der verminten Felder von Quang Tri ist demnach weiterhin von den Kriegsfolgen bestimmt und macht die Überwindung der Armut in diesem Gebiet nahezu unmöglich.[13]

Weitere unmittelbare Erbschaften des Krieges treten in der vietnamesischen Gesellschaft zum Vorschein: Der Krieg hat mehr als zwei Millionen Witwen, Waisen und behinderte Menschen hinterlassen.[14] Zusätzlich kam es durch die Massierung französischer Soldaten in Indochina nach dem Zweiten Weltkrieg zur Ausbreitung der Prostitution, die durch die anschließende Präsenz der Amerikaner noch weiter vorangetrieben wurde. Schätzungen zufolge haben etwa 50.000 vietnamesische Frauen mit amerikanischen GIs Kinder zur Welt gebracht. Die als „Staub des Lebens" *(Bui doi)*[15] verschmähten Mischlingskinder waren in der Nachkriegszeit sozial geächtet und galten als Schande für

[11] Mydans, Seth, „Vietnam Sees War's Legacy in Its Young". In: *The New York Times* (16.05.1999)

[12] Weggel, Oskar, „Gesamtbericht Vietnam, Kambodscha, Laos". In: Südostasien aktuell (Januar 2003), S. 43

[13] SODI! Solidaritätsdienst International e.V., „Humanitäre Kampfmittelräumung und Entwicklung in Vietnam" www.sodi.de/project.php?proj_id=97 [02.06.2011]

[14] Appy, Christian G., Patriots: The Vietnam War Remembered From All Sides, New York 2003, S. 496

[15] Vietnamesisch ist eine tonale Sprache. Ohne die diakritischen Zeichen ist die Bedeutung bestimmter Wörter nur in ihrem Kontext nachzuvollziehen. Da der vietnamesische Originallaut in der Arbeit zwar häufiger angegeben wird, aber für das Verständnis nur von geringer Bedeutung ist, wurde auf die Verwendung von Diakritika verzichtet.

die gesamte Familie.[16] Durch ihr auffallendes Aussehen, das wie ein Stigma des Krieges an ihnen lastete, wurden sie Opfer gesellschaftlicher Diskriminierung. Für viele dieser Kinder war die letzte Rettung eines der primitiven vietnamesischen Waisenhäuser. Erst 1979 verabschiedete der Hochkommissar der Vereinten Nationen für Flüchtlinge (UNHCR)[17] in Zusammenarbeit mit der vietnamesischen Regierung das *Orderly Departure Program* (ODP), das Mischlingskindern eine offizielle Auswanderung aus Vietnam genehmigte.

Durch diese und weitere unmittelbaren Konsequenzen für Vietnam als Austragungsort des Krieges ergibt sich a priori eine vergleichsweise völlig andere Topografie der Erinnerung als in den USA. Dort ist die Erinnerung gekennzeichnet durch individuelle Erfahrungen, bei der eine Einzelperson persönliche Erlebnisse aufarbeitet.[18]

1.1   ERINNERUNGSKULTUR

Gedächtnisforschung

Gedächtnis, Erinnerung und Vergessen sind für die unterschiedlichsten Disziplinen der Wissenschaft von Interesse. In diesem Kapitel soll ein kurzer Überblick über die in der vorliegenden Studie verwendeten Begrifflichkeiten gegeben werden.[19] Ausgangspunkt für die heutige Forschung zum ‚kollektiven Gedächtnis' markierten Maurice Halbwachs' Veröffentlichungen zur *mémoire collective* in den 1920er Jahren.[20] In seinen soziologischen Studien stellte Halbwachs die These auf, dass die individuelle Gedächtnisleistung eines Menschen sozial bedingt

[16]   Engelmann, Larry, Tears Before The Rain: An Oral History of the Fall of South Vietnam, New York 1997

[17]   UNHCR – The UN refugee Agency: www.unhcr.de/ [02.06.2011]

[18]   Zu den populärsten Autobiografien dieser Art gehören u.a.: Caputos, Philip, *A Rumor of War* und O'Brien, Tim, *If I Die In A Combat Zone: Box Me Up and Ship Me Home*, New York 1973

[19]   Erll, Astrid, Kollektives Gedächtnis und Erinnerungskulturen: Eine Einführung, Stuttgart 2005, S. 27

[20]   Halbwachs, Maurice, Das kollektive Gedächtnis, Stuttgart 1967

ist und somit auch eine Gruppe zu einem gemeinsamen Gedächtnis fähig sein müsse. Auf Halbwachs' Theorien zum kollektiven Gedächtnis weiter aufgebaut hat Pierre Nora in den 1980er Jahren im Bereich der französischen Geschichtswissenschaft, indem er das Konzept der *lieux de mémoire* entwickelte. Zunächst grenzt Nora dabei die Begriffe Gedächtnis und Geschichte voneinander ab und betont deren eigentliche Gegensätzlichkeit. Anschließend analysiert er diejenigen ‚Orte‘, „in denen sich das Gedächtnis der Nation Frankreich in besonderem Maße kondensiert, verkörpert oder kristallisiert hat".[21] Zu diesen ‚Erinnerungsorten‘ zählt er „simple Gedenkstätten wie Kriegerdenkmäler in den Dörfern", „Gebäudekomplexe wie Versailles oder Notre-Dame", aber auch Embleme, Feiertage, bis hin zur Erklärung der Menschenrechte und sozialen Umgangsformen.[22] Nora räumt ein, dass dieses „mannigfaltige Kaleidoskop" an Erinnerungsorten am Ende sehr weit gefasst ist, jedoch alle ausgewählten „Gedächtnisvehikel, Instrumente oder Institutionen" ihre „Wirkungskraft als Symbole" und „Gewicht für die Herausbildung der politischen Identität Frankreichs" als Gemeinsamkeit haben.[23]

Einen Zusammenhang zwischen kultureller Erinnerung, kollektiver Identitätsbildung und politischer Legitimierung haben Aleida und Jan Assmann in ihren Ausführungen zum ‚kulturellen Gedächtnis‘[24] Ende der 1980er Jahre hergestellt. Unterschieden wird dabei zwischen kommunikativem Gedächtnis, das durch Erfahrungen und Traditionen von Generation zu Generation in Alltagsinteraktion weitergegeben wird und kulturellem Gedächtnis, das den archäologischen und schriftlichen Nachlass der Menschheit umfasst.

---

[21]   Zitiert nach Nora, Pierre, Zwischen Geschichte und Gedächtnis, Frankfurt a. M. 1998, S. 7
[22]   Nora, Pierre [Hrsg.], Erinnerungsorte Frankreichs, München 2005
[23]   Zitiert nach Nora, Zwischen, S. 7
[24]   Assmann, Jan, Das Kulturelle Gedächtnis: Schrift, Erinnerung und politische Identität in frühen Hochkulturen, München 1997

1.2   GESCHICHTSPOLITIK IN VIETNAM

Ein Nationalgefühl konstituiert sich erst durch ein gemeinsames Geschichtsbewusstsein, mit dem sich eine Gruppe oder eine Gesellschaft in ein Verhältnis zu ihrer Vergangenheit setzt und aufgrund bestimmter Erfahrungen ihr gegenwärtiges Selbstverständnis fundiert.[25] Dieser Prozess der Geschichtspolitik ist nach Edgar Wolfrum in einer pluralistischen Gesellschaft ein „Handlungs- und Politikfeld, auf dem verschiedene politische Akteure die Vergangenheit mit bestimmten Interessen betrachten und in der Öffentlichkeit um Zustimmung ringen."[26] Eine Demokratie zeichnet sich demnach im Optimalfall durch eine „aufklärerische, kritische" Geschichtspolitik aus, die in einem „Spannungsverhältnis von Wissenschaft und Politik" steht.[27] In einem Einparteienstaat wie Vietnam ist im Umkehrschluss die Kommunistische Partei einziger geschichtspolitischer Akteur, der wie in anderen sozialistischen Staaten ein „Monopol als Konstrukteur kollektiver historischer Erinnerung" beansprucht. Die Geschichtspolitik ist in einem solchen System regressiv und dient dem Staatsapparat zu legitimatorischen Zwecken und zur Stiftung einer gewünschten historischen Identität.[28]

Nach Pierre Brocheux folgt die historische Forschung in Vietnam dabei den Vorgaben der offiziellen Geschichtsversion des Staates, die darauf bedacht ist, „eine national(istische), heroisierende und teleologische Geschichte des Landes zu schreiben", um der übergeordneten Funktion nachzukommen, „patriotische Bürger heranzubilden und die vorherrschende und bestimmende Rolle der Kommunistischen

---

[25]   Wolfrum, Edgar, „Geschichtspolitik in der Bundesrepublik Deutschland 1949-1989: Phasen und Kontroversen". In: Bock, Petra und Wolfrum, Edgar [Hrsg.], Umkämpfte Vergangenheit: Geschichtsbilder, Erinnerung und Vergangenheitspolitik im internationalen Vergleich, Göttingen 1999, S. 55-81, hier: S. 57

[26]   Zitiert nach: Wolfrum, Geschichtspolitik, S. 58

[27]   Ebd., S. 59

[28]   Höpken, Wolfgang, „Vergangenheitspolitik im sozialistischen Vielvölkerstaat: Jugoslawien 1944 bis 1991". In: Bock, Petra und Wolfrum, Edgar [Hrsg.], Umkämpfte Vergangenheit: Geschichtsbilder, Erinnerung und Vergangenheitspolitik im internationalen Vergleich, Göttingen 1999, S. 210

Partei in den Vordergrund zu stellen."[29] Ein wissenschaftlicher Diskurs über die Vergangenheit kann in der „zweckgerichteten, undifferenzierten und gleichgeschalteten Geschichtsschreibung" Vietnams deshalb gar nicht erst stattfinden.[30]

Nach einer Analyse, wie sich die offizielle Historiografie des vietnamesischen Staates ausdrückt, sollen deshalb in dieser Studie nicht die wissenschaftlichen, sondern vorrangig die kulturellen Aufarbeitungsansätze der Kriegsvergangenheit betrachtet werden.

Geschichtswissenschaft in Vietnam

Dominiert wurde die vietnamesische Geschichtswissenschaft lange Jahre von der parteikonformistischen *Zeitschrift für historische Forschung (Tap san nghien cuu lich su)*, in der die eigene Vergangenheit nüchtern und ausschließlich linientreu analysiert wurde.[31] Anzeichen einer historiografischen Öffnung zeigten sich erst, als 1994 mit *Tap chi xua va nay* („Zeitschrift für Vergangenheit und Gegenwart") von Intellektuellen eine Zeitschrift herausgegeben wurde, bei der weder der Chefredakteur noch sein Stellvertreter Mitglieder der Kommunistischen Partei waren. Doch auch *Xua va nay* ist nur ein kleiner erster Schritt auf dem Weg zu einer seriösen wissenschaftlichen Aufarbeitung der vietnamesischen Vergangenheit. Kritik ist in der Zeitschrift lediglich zwischen den Zeilen lesbar.

---

[29] Zitiert nach: Brocheux, Pierre, „Die Geschichtsschreibung Vietnams". In: www.arte.tv/de/suche/1063658.html (20.04.2008) [29.06.2011]
[30] Zitiert nach: Brocheux, Die Geschichtsschreibung
[31] Marr, David G., „History and Memory in Vietnam Today: The Journal Xua & Nay". In: Journal of Southeast Asian Studies, Vol. 31, No. 1 (März 2000), S. 2

Während bestimmte Ereignisse – wie die schwerwiegende Land-reform der Kommunisten in den 1950er Jahren[32] – konsequent tabu-isiert werden, stoppt die Auseinandersetzung mit der Vergangenheit abrupt mit dem Ende des „Befreiungskrieges" 1975. Anschließende Vorkommnisse wie die vietnamesische Invasion Kambodschas 1978, der bewaffnete Grenzkonflikt mit China 1979, der nach dem Krieg einsetzende Flüchtlingsstrom von mehr als einer Million Vietname-sen („Boatpeople")[33] oder der Kollaps der Planwirtschaft sind immer noch politisch zu sensibel, als dass eine kritische Auseinandersetzung mit diesen Ereignissen erfolgen könnte, ohne dass es eine Einstellung des Magazins nach sich ziehen würde.[34] Auch in Schulbüchern und an Universitäten werden diese heiklen Themen nur stiefmütterlich behandelt oder schlichtweg ausgelassen.[35]

Der Verdienst von *Xua va nay* ist es, vorherrschende Dogmen und Konventionen auf indirektem Wege und behutsame Weise in Frage zu stellen. Dennoch sind die Herausgeber an die strengen Richtlinien des Wissenschafts- und Bildungsbüros der Partei gebunden. Im Hinblick

---

[32]   Von 1953-56 wurde in Nordvietnam eine staatlich initiierte Landreform nach chinesischem Vorbild durchgeführt. Damit sollte die Stellung landloser Bau-ern verbessert und die dörfliche Hierarchie unterminiert werden. Bei der mit äußerster Radikalität durchgesetzten Umverteilung kam es zu massenhaften Exekutionen. Zwischen 50.000 und 500.000 Menschen sollen dabei ums Leben gekommen sein. Ein Großteil flüchtete in den Süden. 1956 räumte die Partei ein, „Fehler" begangen zu haben und stoppte die Landreform. Durch die fehlgeleite-te Reform hatte die KP von ihrem Ansehen einbüßen müssen. Zur Landreform vgl. Kleinen, John, Facing the Future, Reviving the Past: A Study of Social Change in a Northern Vietnamese Village, Singapore 1999; Großheim, Martin, „Erinnerungsdebatten in Vietnam". In: Bundeszentrale für politische Bildung: Aus Politik und Zeitgeschichte „Vietnam" (APuZ 27/2008), S. 19-25. Online abrufbar: www.bpb.de/publikationen/Y44ONW,1,0,Erinnerungsdebatten_in_ Vietnam.html#art1 [29.05.2011]

[33]   Als „Boatpeople" werden die in der Folge der Wiedervereinigung Vietnams geflüchteten Menschen bezeichnet, die das Land in kleinen und improvisier-ten Booten über das Südchinesische Meer verließen.

[34]   Marr, History, S. 18

[35]   MacLean, Ken, „The Rehabilitation of an Uncomfortable Past: Everday Life in Vietnam during the Subsidy Period (1975-1986)". In: History and Anthropolo-gy, Vol. 19, No. 3 (September 2008), S. 284

auf das ideologisch vorgegebene Geschichtsverständnis erlegt sich die Redaktion dabei meistens eine Selbstzensur auf.[36]

Ein staatliches Narrativ der Vergangenheit

In Nordvietnam versuchten die Kommunisten bereits im Zuge der antikolonialistischen Augustrevolution[37] 1945 eine neue Gesellschaft nach sozialistischem Modell (*Xa hoi*) auszurichten, indem der Staat die Kollektivität in allen Lebensbereichen propagierte. Von Regierungsseite wurde damit ein Bruch mit über Jahrhunderte hinweg bestehenden Traditionen und dem Konfuzianismus vollzogen.[38] Einher ging dieser gesellschaftliche Umstrukturierungsprozess mit dem Heraufbeschwören eines nationalen Leitmotivs, um auch eine ideologische Dekolonisierung einzuleiten. Betonung fanden in diesem klaren staatlichen Narrativ geschichtliche Ereignisse, die Potenzial für Heldenverehrung hatten und in denen Vietnam vor fremden ‚Aggressoren' beschützt oder von ausländischen Besatzern befreit wurde:

> Der revolutionäre Kampf, den unser Volk unter der Führung unserer Partei geführt hat, um das Land zu befreien, Unabhängigkeit und Freiheit zu erreichen, und die vietnamesische Gesellschaft zum Sozialismus zu führen, setzt den heroischen Kampf fort, den unser Volk seit Tausenden von Jahren zur Verteidigung und zum Aufbau unseres Landes geführt hat. Die militärische Linie unserer Partei in diesem revolutionären Kampf kann nicht getrennt werden von der langen militärischen Tradition unseres Volkes.[39]

---

[36] Marr, History, S. 24f.
[37] Am Ende des Zweiten Weltkrieges war Vietnam von der Kaiserlichen Japanischen Armee okkupiert. Als Japan am 15. August 1945 seine Kapitulation bekannt gab, entstand durch den Abzug der japanischen Truppen und die durch den Weltkrieg ausgedünnten französischen Kolonialtruppen ein Machtvakuum, das der Vieth Minh für sich nutzte, um die Unabhängigkeit Vietnams auszurufen.
[38] Schlecker, Markus, Going Back a Long Way: 'Home Place', Thrift and Temporal Orientations in Northern Vietnam 2005, S. 511
[39] Zitiert nach: Vo Nguyen Giap, Nationaler Befreiungskrieg in Vietnam, Berlin 1973, S. 16

Zu den Schlüsselfiguren dieses „vietnamesischen Pantheons" ruhm-
reicher Nationalhelden zählen beispielsweise die Trung-Schwestern,
die 39 n. Chr. die chinesische Armee zurückdrängen konnten, General
Tran Hung Dao, der durch eine Kriegslist die Flotte der mongolischen
Invasoren im 13. Jahrhundert vernichtet hat, oder Le Loi, der im 15.
Jahrhundert die chinesische Ming-Dynastie aus dem Land vertreiben
konnte.[40] Beschworen und glorifiziert wurde dieses identitätsstiftende
Narrativ der Geschichte des ‚nationalen Befreiungskampfes' der Vietnamesen in der Zeit nach dem Zweiten Weltkrieg, als die japanischen
Besatzer abzogen und die Franzosen wiederum versuchten, ihre
Kolonialhegemonie in Indochina zu revitalisieren. Wie der Guerillakämpfer Nguyen Van Sam rückblickend auf seine Schulzeit feststellt,
schürten die Lehrer des Viet Minh dabei zunächst weniger den Hass
auf die Franzosen, sondern versuchten vielmehr eine Identifikation
für ein vietnamesisches Vaterland zu schaffen:

> ‚Man hat uns nie gelehrt, die Franzosen zu hassen! Den Patriotismus hat
> man uns gelehrt, das heißt, dem Beispiel des großen Königs Quang Trung
> nachzueifern und dem des Königs Le Loi, die vor vielen Jahrhunderten
> den chinesischen Eindringling schlugen, und das war schön, weil man
> zum erstenmal von einem Vaterland zu mir sprach.'[41]

Kulturellen Ausdruck fand der erstarkende vietnamesische Patriotismus beispielsweise in speziell konzipierten Theaterstücken *(Tuong
chien tranh)* während des Krieges mit Frankreich (1946-1954).[42] Eines
der ersten Stücke dieser Art, bei denen unmissverständlich revolutionäre und konterrevolutionäre Handlungen auf der Bühne gegenüber-
gestellt wurden, war das 1945 in Hanoi uraufgeführte Schauspiel *Bac
Son*. Im Handlungsverlauf des Stückes schürt ein im Dienst der französischen Kolonialisten stehender Vietnamese durch sein Verhalten

---

[40] Malarney, Shaun K., „„The Fatherland Remembers Your Sacrifice: Commemora-
      ting War Dead in North Vietnam". In: Hue-Tam Ho Tai [Hrsg.], The Country of
      Memory: Remaking the Past in Late Socialist Vietnam, Berkeley [u.a.] 2001, S. 47
[41] Nguyen Van Sam zitiert nach: Fallaci, Oriana, Wir, Engel und Bestien: Ein Be-
      richt aus dem Vietnamkrieg, München 1985, S. 57
[42] Mackerras, Colin, „Theatre in Vietnam". In: Asian Theatre Journal, Vol. 4, No. 1
      (Frühling, 1987), S. 7

den Kampfeswillen der Guerilla von Bac Son.[43] Die im Land weit verbreiteten Wandertheater sollten an die patriotischen Gefühle der vietnamesischen Bevölkerung appellieren und negative Stimmung gegen die französische Fremdherrschaft evozieren. Zu diesem Zweck adressierte Ho Chi Minh 1951 das Anliegen an die Künstler Vietnams, die Kunst in den Dienst der Parteipropaganda zu stellen, um diese als politische Waffe einsetzen zu können.[44] „Every work of art more or less bears the character of propaganda [..]. Moreover, propaganda itself becomes art if it is well executed", kommentierte der erste Sekretär der Kommunistischen Partei, Truong Chinh, in einer rechtfertigenden Stellungnahme den intensiv geführten Diskurs über den Zweck der Kunst.[45]

Schon während des ‚Anti-französischen Widerstandskrieges' (im Westen bekannt als ‚Erster Indochinakrieg') begann die Kommunistische Partei Vietnams, ihr offizielles Narrativ des Kampfes um nationale Befreiung durch eine öffentliche Erinnerungskultur zu inszenieren. Von Hanois Bürgermeister Tran Van Lai wurde am 1. August 1945 angeordnet, alle französischen Statuen in Hanoi zu entfernen, da sie die ‚Unterjochung' durch die Franzosen symbolisierten.[46] Zudem wurden während einer „Wipe Out Humiliating Remnants"-Kampagne mehr als 250 Straßennamen in der Stadt abgeändert. Anstelle von prominenten Franzosen wie Paul Bert und Jean Dupuis traten fortan vietnamesische Ikonen, Revolutionäre und Intellektuelle wie Tran Quang Khai, Nguyen Thai Hoc oder Le Hong Phong.[47]

Begleitet wurde dieser Umstrukturierungsprozess auch von einem Wandel im vietnamesischen Sprachgebrauch. Politische Begrifflich-

---

[43]   Mackerras, Theatre, S. 9
[44]   Ebd., S. 11
[45]   Truong Chinh zitiert nach: Ebd., S. 12
[46]   Auch eine bronzene Replik der amerikanischen Freiheitsstatue, die 1887 für eine französische Ausstellung nach Hanoi gebracht wurde und einige Jahre auf dem Schildkrötenturm inmitten des sakralen Hoan Kiem Sees installiert war, verschwand durch den Erlass von 1945.
[47]   Vu Ngu Chieu, „The Other Side of the Vietnamese Revolution: The Empire of Viet-Nam (March – August 1945)". In: Journal of Asian Studies Vol. XLV, No. 2, February 1986, S. 309; Vgl. Logan, William S., Hanoi: Biography of a City Sydney 2000, S. 128 u. S. 183-220

keiten wurden nun von der Propagandarhetorik der Kommunisten dominiert. Franzosen wurden infolgedessen als ‚französische Kolonialisten' bezeichnet, die Regierung in Südvietnam als ‚Marionettenregime'. Amerikaner wurde zum Synonym für ‚Aggressor' oder ‚Imperialist'. Die offizielle Bezeichnung für den Amerikanischen Krieg lautete „Nationaler Befreiungskampf gegen die US-amerikanische Aggression" *(Chien tranh chong my cuu nuoc)*. Konsterniert stellte die amerikanische Journalistin Susan Sontag 1968 bei ihrem Aufenthalt in Nordvietnam fest, dass diese von Staatsseite bemühte „offizielle Sprache" sich auch schon in gesellschaftlichen Gesprächen etabliert hatte.[48]

Nach der Wiedervereinigung Vietnams 1976 wurde der erfolgreiche ‚Befreiungskampf' als Gründungsmythos instrumentalisiert.[49] Anstelle einer kritischen Auseinandersetzung mit der 30-jährigen Kriegsvergangenheit, die weder im Dialog mit Vertretern der Bevölkerung noch mit dem wieder eingegliederten Süden stattfand, berief sich die KPV weiter auf ihre revolutionären Tugenden. Die in Südvietnam verbreitete Sichtweise des Amerikanischen Krieges als Bruderkrieg zwischen Nord- und Südvietnam fand dabei keine adäquate Berücksichtigung.[50] Nordvietnam sah sich vielmehr als Befreier eines politisch noch rückwirkend von französischem Kolonialismus und amerikanischer Besatzung bestimmten ‚Marionettenregimes'. Ähnlich wie Wolfgang Höpken die Vergegenwärtigung des Krieges im sozialistischen Jugoslawien als „in staatliche Erinnerungspolitik gegossene memoria des gemeinsamen Leids" beschreibt, wurde der Krieg im wiedervereinigten Vietnam ebenfalls zum überproportionalen Thema.[51] In der dabei entstandenen ikonographischen Erinnerungslandschaft greift der Staat Trauer und Leid des Krieges auf und konvertiert diese in Opferbereitschaft und Märtyrertum.

---

[48]   Sontag, Susan, Trip to Hanoi: Journey to a City at War, London 1969, S. 27-29
[49]   Vgl. Hue-Tam Ho Tai, „Introduction". In: Hue-Tam Ho Tai [Hrsg.], The Country of Memory: Remaking the Past in Late Socialist Vietnam, Berkeley [u.a.] 2001, S. 1-17
[50]   Hue-Tam Ho Tai, „Gendered Memory: Faces of Remembrance and Forgetting". In: Hue-Tam Ho Tai [Hrsg.], The Country of Memory: Remaking the Past in Late Socialist Vietnam, Berkeley [u.a.] 2001, S. 181
[51]   Zitiert nach: Höpken, Vergangenheitspolitik, S. 212

Denkmäler und Soldatenfriedhöfe: Vietnamesische *lieux de mémoire*

'The scars on earth, the bomb craters, have been filled. But the scars inside us have not been filled.'[52]

Ngo Thao (Vietnam Writers' Association)

In Anbetracht der exorbitanten Opferzahlen des Ersten Weltkriegs geht Jay Winter davon aus, dass nahezu jede Familie in Frankreich, England und Deutschland im Jahr 1918 Grund zur Trauer hatte, da sie selbst von Verlusten betroffen war.[53] Zwar sind die Verluste auf vietnamesischer Seite im Gegensatz zu den präzisen Angaben der US-Todesopfer im Amerikanischen Krieg nur unzureichend dokumentiert, doch ergibt sich für Vietnam nach 1975 ein ähnlich prägnantes Bild landesweiter Trauer.

Während die vietnamesische Regierung 1995 eine Schätzung von 3,1 Millionen Kriegstoten für den Zeitraum von 1954 bis 1975 offenlegte, kalkuliert der amerikanische Wissenschaftler Charles Hirschman in seiner Studie zu den vietnamesischen Kriegsopfern für die Phase der amerikanischen Intervention (1965-1975) mindestens eine Million Tote.[54] Auch nach dem Amerikanischen Krieg gab es demnach für jede vietnamesische Familie persönliche Verluste zu bewältigen. Dementsprechend nimmt die Trauer und das Andenken an die verstorbenen Soldaten eine zentrale Rolle innerhalb des öffentlichen Gedenkens in Vietnam ein, das der Staat, vertreten durch das Ministerium für Kultur und Information, mit dem Aufbau von etlichen Soldatenfriedhöfen und Kriegerdenkmälern *(Dai liet si)* fördert und für die Transmission seines Narratives des nationalen Befreiungskampfes einsetzt.[55] Kriegsmonu-

---

[52] Ngo Thao zitiert nach: Ignatius, David, „Vietnamese Begin to Question If war Was Worth Sacrifices: Popular New Book Is a Soldier's Angry Tale". In: Washington Post (12.11.1991)

[53] Winter, Jay, Sites of Memory, Sites of Mourning: The Great War in European Cultural History, Cambridge 1995, S. 2

[54] Hirschman, Charles, Preston, Samuel, Vu Manh Loi, „Vietnamese Casualties During the American War: A new Estimate". In: Population and Development Review, Vol. 21, No. 4 (Dec., 1995), S. 807

[55] Malarney, The Fatherland, S. 67

mente als vietnamesische *lieux de mémoire* sind dabei die Eckpfeiler der „nationalen Topographie"Vietnams (nach Oliver Tappe), in der sich die nationalen Wertevorstellungen des ‚heldenhaften Befreiungs-kampfes' und der ‚Opferbereitschaft' für die staatliche Souveränität veräußerlichen.[56]

Während sich in Europa und den USA durch die traumatischen Erfahrungen der modernen Kriege ein Wechsel in der öffentlichen Erinnerung vom Denkmal zum Mahnmal vollzogen hat, das sich stär-ker mit der kritischen Aufarbeitung der Vergangenheit auseinander-setzt, als vergangene Ereignisse schlichtweg zu glorifizieren,[57] werden in Vietnam größtenteils immer noch Denkmäler in ihrer klassischen Erscheinungsform errichtet. Der Staat fungiert dabei als Konstrukteur einer nationalen Trauerkultur.[58] Um dem Massentod einen Sinn zu stif-ten und der Bevölkerung zu verdeutlichen, dass die Soldaten für das übergeordnete Ziel der ‚Befreiung der Nation' gestorben sind, hat der Staat eine ideologische Ikonographie des Krieges geschaffen. Sie soll dabei helfen, die nationale Identität zu stärken. Denkmäler und Solda-tenfriedhöfe wurden den ‚Märtyrern des Befreiungskampfes' gewid-met, staatlichen Institutionen wie Museen und Gedenkstätten wurde die Erinnerung an den Krieg zur professionellen Aufgabe gemacht und auch der überwiegende Teil staatliche Feiertage zeigt den konti-nuierlichen Weg zur nationalen Selbstbestimmung auf. Anhand von Fallbeispielen verschiedener Erinnerungsorte wird im Nachfolgenden dargestellt, welche konkreten Maßnahmen die Partei für ihre Legiti-mation in der Nachkriegszeit ergriffen hat, um ihr offizielles Leitmo-tiv in der Öffentlichkeit zu untermauern.

---

[56]   Vgl. Tappe, Oliver, Geschichte, Nationsbildung und Legitimationspolitik in Laos: Untersuchungen zur laotischen nationalen Historiographie und Ikono-graphie, Berlin 2008, S. 33-38

[57]   Behrenbeck, Sabine, „Versailles and Vietnam: Coming to Terms with War". In: Daum, Andreas, Gardner, Lloyd C. und Mausbach, Wilfried [Hrsg.] America, the Vietnam War, and the World: Comparative and International Perspectives, New York [u.a.] 2003, S. 125

[58]   Zu Trauerkultur und Historischer Trauer, vgl. Bohrer, Karl Heinz, „Historische Trauer und Poetische Trauer". In: Merkur, Deutsche Zeitschrift für europäi-sches Denken, Heft 12, 53. Jahrgang (Dezember 1999), S. 1127-1141

2 STAATLICHE REPRÄSENTATION DES KRIEGES

2.1 SOLDATENFRIEDHÖFE IN NORDVIETNAM

To quoc ghi cong – „Das Vaterland wird euer Opfer niemals vergessen".[59] Unzählige Soldatenfriedhöfe, die sich am Rande von jedem noch so kleinen Dorf im Norden von Vietnam befinden, sind geziert von Obelisken mit dieser Aufschrift. An der Spitze der frei stehenden Pfeiler ist jeweils ein gelber Stern auf rotem Hintergrund angebracht – das vietnamesische Pendant zu rotem Stern, Hammer und Sichel sowjetischer Soldatenfriedhöfe des Zweiten Weltkrieges.

Anders als bei der US-Armee, die versuchte, jeden toten GI in die Vereinigten Staaten zu überführen, wurden gefallene vietnamesische Soldaten meist auf den Schlachtfeldern zurückgelassen oder mussten an Ort und Stelle der Kampfhandlungen begraben werden.[60] Erst nach Kriegsende wurden die sterblichen Überreste – sofern eine Identifikation möglich war – sukzessive in die Heimatdörfer rückgeführt und in den hiesigen Soldatenfriedhöfen beigesetzt. Auf den meisten Grabsteinen stehen die Wörter *liet si* geschrieben, das die Gefallenen als „Märtyrer" ausweist und verdeutlicht, dass die Soldaten ihr Leben für die Nation und die Revolution ‚geopfert' haben. Weitere Klassifizierungen sind *tu si*, das für Tote vorbehalten ist, die während des Krieges an einer Krankheit starben und *Nan nhan chien tranh*, das auf Gräbern von Kriegsopfern steht, die durch Bombardements zu Tode kamen.[61]

---

[59] Frei übersetzt in Anlehnung an Malarneys Übersetzung: The Fatherland, S. 67; Schwenkel, Christina, The American War in Contemporary Vietnam: Transnational Remembrance and Representation, Bloomington 2009, S. 108: The Fatherland Remembers Your Contribution; Tatum, James, „Memorials of the American War in Vietnam". In: Critical Inquiry, Vol. 22, No. 4 (Sommer, 1996), S. 641: The Fatherland is grateful.

[60] Malarney, Fatherland, S. 62

[61] Ebd., S. 51f.

In der Quang Tri Provinz in Zentralvietnam befindet sich der *Nghia trang liet si truong son*, der mit mehr als 10.000 Gräbern zu den größten Märtyrerfriedhöfen Vietnams zählt. Der Komplex wurde 1977 für die nordvietnamesischen Soldaten angelegt, die bei der ‚Verteidigung' des Ho-Chi-Minh-Pfads[62] im Truong-Son-Gebirge ihr Leben ließen. Genau wie man in Arlington und Gettysburg vergebens nach Grabmalen konföderierter Soldaten aus dem Amerikanischen Bürgerkrieg sucht,[63] sind auf dem Truong-Son-Nationalfriedhof Soldaten des besiegten Südens kategorisch ausgeschlossen.[64] Die Siegerjustiz bietet hier keinen Platz, um den Gegnern die Ehre einer würdigen Bestattung zuteil werden zu lassen. Stilistisch hebt sich Truong Son durch seine einzigartige künstlerische Gestaltung von den meisten anderen Heldenfriedhöfen ab. Die Gräber in Truong Son sind in fünf Abschnitte gegliedert, von denen jeder für einen anderen Teil des Landes steht. So können die toten Soldaten ihrer Herkunft nach bestattet werden. In konzentrischen Kreisen sind die einzelnen Bereiche wiederum nach Provinzen und Dörfern angeordnet, wobei jeder Soldat ein eigenes Grab hat. In zahlreichen Gräbern befinden sich überhaupt keine Überreste – sie dienen den Angehörigen lediglich als Wallfahrtsort. In der Regel sind die Gräber auf den jeweiligen Heldenfriedhöfen gleich gestaltet, so dass posthum keine Unterschiede zwischen den Dienstgraden mehr gemacht werden. Reinhart Koselleck nennt das auch die „Demokratisierung des Todes".[65]

---

[62]   Als Ho-Chi-Minh-Pfad wird die Nachschublinie bezeichnet, die während des Amerikanischen Krieges das logistische Zentrum Hanoi mit den im Süden kämpfenden Guerillakämpfern der NLF verband.

[63]   Vgl. Keegan, John, Der Amerikanische Bürgerkrieg, Berlin 2009, S. 122

[64]   Schwenkel, S. 108

[65]   Koselleck, Reinhart, „Kriegerdenkmale als Identitätsstiftungen der Lebenden". In: Marquard, Odo und Stierle, Karl-Heinz, Identität, München 1979, S. 267-274

Fig. 1: Märtyrerfriedhof Gio Linh in der Provinz Quang Tri.
Bildquelle: Autor

Eine Ausnahme bildet der hierarchisch angelegte Staatsfriedhof in Hanoi *(Nghia trang mai dich)*, auf dem bedeutende Vietnamesen wie der ehemalige Premierminister Pham Van Dong, das Gründungsmitglied der Kommunistischen Partei Indochinas (KPI), Le Duan, oder der frühere Präsident der Demokratischen Republik Vietnam (DRV), Ton Duc Thang, begraben liegen.[66] Außer Konkurrenz und an der Spitze der Hierarchie in Vietnam steht mit einem eigenen Mausoleum nur eine Person: Ho Chi Minh.

[66] Giebel, Christoph, Imagined Ancestries of Vietnamese Communism: Ton Duc Thang and the Politics of History and Memory, Washington 2004, S. 149

Das Ho-Chi-Minh-Mausoleum

Ho Chi Minh wünschte sich für nach seinem Tod eine einfache Feuerbe-
stattung. So verlangte es die Partei seit den 1950er Jahren, da wegen der
Kriegsanstrengungen keine teuren Hochzeits- oder Beerdigungsrituale
abgehalten werden sollten. In seinem Testament hatte Ho deshalb ver-
fügt, dass sein Leichnam eingeäschert und anschließend gleicherma-
ßen in Nord-, Zentral- und Südvietnam verteilt werden solle.[67] Was dem
für seinen bescheidenen Lebensstil bekannten Ho nach seinem Able-
ben jedoch zuteil wurde, war das genaue Gegenteil seines letzten Wun-
sches: Dem Präsidenten der Demokratischen Republik Vietnam wurde
ein 21,6 Meter hoher Koloss aus Marmor in Tradition von Lenins Grab-
mal in Moskau erbaut.[68] Konform sozialistischer Tradition sollten damit
die von Ho Chi Minh verkörperten Ideale der Revolution für Vietnam
und ganz Asien monumentalisiert werden. Nach seinem Tod am 2. September 1969 – er starb noch während des Amerikanischen Krieges an
einem Herzinfarkt – bekam Ho ein prunkvolles Staatsbegräbnis, das
ihn als Ikone des internationalen Kommunismus würdigen sollte.[69] 1975
wurde das imposante Ho-Chi-Minh-Mausoleum *(Lang chu tich ho chi
minh)* eröffnet, in dem Hos einbalsamierter Leichnam in einem Glassarg
aufgebahrt ist. Die Huldigungsstätte befindet sich direkt am geschichts-
trächtigen Ba-Dinh-Platz in Hanoi, wo Ho Chi Minh am 2. September
1945 die Unabhängigkeit Vietnams proklamierte. Heute verdeutlicht
sich an diesem Platz wie an keiner Stelle sonst die Hybridität, von der
die vietnamesische Architektur durch die Epochen hinweg geprägt
wurde: Mit Kolonialbauten wie dem Gouverneurspalast, der schlichten
Einsäulenpagode und dem gigantischen Mausoleum trifft dort französischer Kolonialstil auf die Schlichtheit des fernöstlichen Orientalismus
und den brachialen sozialistischen Realismus aus der Sowjetunion.[70]

---

[67] Hue-Tam Ho Tai, „Monumental Ambiguity: The State Commemoration of Ho
    Chi Minh". In: Taylor, K. W. and Whitmore J. K. [Hrsg.], Studies on Southeast
    Asia No.19: Essays Into Vietnamese Pasts, New York 1995, S. 275 u. 279
[68] Webseite des Ho-Chi-Minh-Mausoleums: www.hanoitourism.gov.vn/ho-chi-
    minh-mausoleum [22.06.2011]
[69] Hue-Tam Ho Tai, Monumental, S. 276
[70] Schwenkel, S. 126

Fig. 2: Das Ho-Chi-Minh-Mausoleum in Hanoi, geschmückt zum 1.000-jährigen
Stadtjubiläum *(Thang Long)* 2010.
Bildquelle: Thorben Kohl

Die überdimensionale Bauweise des Mausoleums lässt bereits erahnen,
welche Bedeutung Ho Chi Minh in der offiziellen Darstellung des revolutionären Vietnams einnimmt.[71] Als Gründer der KPI gelang es Ho in
den 1930er Jahren, die kommunistischen Splittergruppen zu fusionie-
ren. Geboren in einem armen Dorf in Annam, wurde er vom einstigen
Partisanenführer zur geistigen und antikolonialistischen Leitfigur Vietnams – bis er schließlich zur kommunistischen Ikone von Weltformat
aufstieg.[72] In Vietnam ist Ho Chi Minh Integrationsfigur und Vorbild
in allen Lebensbereichen. Vo Nguyen Giap deutet in diesem anhaltenden Kult eine „neue Entwicklung und kreative Anwendung des Mar-
xismus-Leninismus", in der sich „Patriotismus, traditionelle Kultur,

---

[71] Zur Bedeutung Ho Chi Minhs, vgl.: Brocheux, Pierre, „Ho Chi Minh: Bilder
      einer Ikone". In: Bundeszentrale für politische Bildung: Aus Politik und Zeit-
      geschichte „Vietnam" (APuZ 27/2008), S. 14-18. Online abrufbar: www.bpb.de/
      apuz/31125/ho-chi-minh-bilder-einer-ikone?p=0 [29.05.2011]
[72] Kolko, Gabriel, Vietnam: Anatomy of a war, 1940-1975, London [u.a.] 1986, S. 27

vietnamesischer Humanismus und die Quintessenz der östlichen und westlichen Kulturen" verbinden.[73]

Als ,Übervater der Nation' *(Cha gia cua zan toc viet nam)* ist Ho Chi Minh auf Bildern häufig zusammen mit Kindern abgebildet. Auch wenn er sich gegen den Personenkult um ihn selbst aussprach, ziert sein Konterfei im heutigen Vietnam noch jede Hauswand und ist auf allen Dong-Geldscheinen abgedruckt. Wenngleich Ho Chi Minh der Drehpunkt ist, um den das vietnamesische Leitmotiv des ,nationalen Befreiungskampfes' gespannt ist, wird er vom Volke quasifamiliär als *Bac ho* („Onkel Ho") verehrt.

Fig. 3: Bronzene Statue von Ho Chi Minh im Ho-Chi-Minh-Museum Hanoi. Bildquelle: Autor

[73]   Vo Nguyen Giap zitiert nach: Brocheux, Ho Chi Minh, S. 18

2.2 KRIEGERDENKMÄLER IN VIETNAM

Das Kriegerdenkmal hat eine duale Funktion. Es erinnert nicht nur an die Toten, sondern „klagt auch das verlorene Leben ein, um das Überleben sinnvoll zu machen." Der Sinn des Sterbens wird dabei immer ex post von den Lebenden gestiftet.[74] In bestimmter Hinsicht werden die Gefallenen dabei

> als Helden, Opfer, Märtyrer, Sieger, Angehörige, eventuell auch als Besiegte; ferner als Wahrer oder Träger von Ehre, Glaube, Ruhm, Treue, Pflicht; schließlich als Hüter und Beschützer des Vaterlands, der Menschheit, der Gerechtigkeit, der Freiheit, des Proletariats oder der jeweiligen Verfassung [identifiziert].[75]

Durch diese bewusste Konstruktion öffentlichen Gedenkens soll eine Botschaft an die nachfolgenden, im Frieden geborenen Generationen einer Gesellschaft gesendet werden, damit sie den erwünschten Pflichten nachkommen und das Opfer der Eltern und Großeltern nicht vergessen.[76] Kriegerdenkmäler, die nach dem Ersten Weltkrieg in Deutschland entstanden sind, haben einen meist religiösen Charakter, der an die Pietà angelehnt ist. Dadurch wird eine Verbindung zwischen Marias Schmerz nach Jesus Christus Kreuzigung und der nationalen Trauer um die gefallenen Soldaten hergestellt.[77] Im Krieg für das Vaterland zu fallen, wird dadurch als Analogie zur Aufopferung Jesus interpretiert. Damit wird der Soldat zum Märtyrer, der ein Selbstopfer für einen höheren Zweck aufbringt.[78] Ein zentrales Thema säkularer Kriegerdenkmäler hingegen ist die Hoffnung. Nationale Besonderheiten zeigen sich a priori in den Bezeichnungen der Denkmäler. Während sich das englische *war memorial* und das deutsche ‚Kriegerdenkmal' unmittelbar auf den Krieg beziehungsweise den

---

[74] Zitiert nach Koselleck, S. 256f.
[75] Ebd., S. 256
[76] Ignatieff, Michael, „Soviet War Memorials". In: History Workshop, No. 17 (Frühling 1984), S. 161
[77] Winter, S. 90f.
[78] Behrenbeck, S. 127

gefallenen Soldaten (Krieger) beziehen, betont das französische *monument aux morts* das Leiden und Opfer des Krieges.[79]

Als bewusste Überlieferung an die Nachwelt sind Denkmäler als Quellen mit äußerster Vorsicht zu interpretieren.[80] Aleida Assmann beurteilt Denkmäler und Monumente aufgrund ihres funktionalistischen Charakters allgemein kritisch und stellt die Frage, ob sie nicht sogar historische Tatsachen verfälschen.[81] Wie der Streit um das in den 1980er Jahren errichtete *Vietnam Veterans Memorial* (VVM) in den Vereinigten Staaten von Amerika verdeutlicht, gilt das nicht nur für diktatorische Systeme – auch in demokratischen Ländern kann es generell keine wertfreien Denkmäler geben.[82]

Das private Projekt, in Washington D.C. ein neutrales, apolitisches Denkmal für die in Vietnam gefallenen US-Soldaten zu errichten, war nach öffentlicher Unzufriedenheit[83] über das in einem anonymen Wettbewerb ausgewählte Mahnmal-Modell der Architekturstudentin Maya Ying Lin gescheitert. Als Zugeständnis an die Kritiker wurde die schwarze Marmorwand, in die alle 58.272[84] Namen der toten US-Soldaten[85] eingraviert sind, 1983 um einen 18 Meter hohen Fahnenmast erweitert. Ein Jahr später folgte die Errichtung der Bronzeskulptur

---

[79]   Winter, S. 78

[80]   Vgl. Von Brandt, A., Werkzeug des Historikers: Eine Einführung in die Historischen Hilfswissenschaften, Stuttgart 1971, S. 62f.

[81]   Assmann, Aleida, Der lange Schatten der Vergangenheit: Erinnerungskultur und Geschichtspolitik, München 2006, S. 41

[82]   Buruma, Ian, „Ein Denkmal setzt Maßstäbe: Das Vietnam Veterans Memorial in Washington". In: du - Zeitschrift für Kultur, Vietnam: Dossier Erinnerung, Heft Nr. 7/8. (Juli/August 1997), S. 106

[83]   Tom Wolfe bezeichnete das *Vietnam Veterans Memorial* als „Huldigung an Jane Fonda", die sich ab Ende der 1960er Jahren als radikale Gegnerin des Krieges positioniert hatte. Vgl. Campbell, Neil, Kean, Alasdair, American Cultural Studies: An Introduction to American Culture, New York 2001, S. 262

[84]   Die Namen werden stetig ergänzt. 2010 wurden sechs weitere Namen hinzugefügt. Ausführliche Statistiken und Informationen gibt es auf der Webseite von „The Wall": thewall-usa.com/ [10.06.2011]

[85]   Das VVM ist Soldaten vorbehalten die im Einsatz gefallen sind. Opfer von Agent Orange oder Veteranen die aufgrund ihrer psychischen Probleme Selbstmord begingen sind nicht berücksichtigt. Vgl. Williams, Paul, Memorial Museums: the Global Rush to Commemorate Atrocities, New York [u.a.] 2007, S. 177

Three Servicemen. Das Mahnmal hatte jetzt doch patriotische Elemente. In denen von sowjetischem Realismus geprägten Kriegerdenkmälern in Vietnam offenbart sich der funktionalistische Charakter hingegen noch viel deutlicher.

Repräsentation des anti-französischen Widerstandskrieges

Im prä-revolutionären Vietnam waren Ehrungen und Erinnerung in Form von säkularen Darstellungen in der Öffentlichkeit nicht üblich. Stattdessen fand die Wertschätzung gefallener Soldaten traditionell in Tempeln statt.[86] Bei den im Norden Vietnams weit verbreiteten Kriegerdenkmälern und Soldatenfriedhöfen handelt es sich um eine adaptierte Tradition, die überhaupt erst mit dem französischen Kolonialismus Einzug erhalten hat.[87] So befindet sich paradoxerweise das mit einer Gesamthöhe von 16,2 Metern größte aller vietnamesischer Denkmäler – eine geradezu monumentale Manifestation sozialistischer Staatsmacht[88] – in Dien Bien Phu, wo die französische Armee am 7. Mai 1954 vernichtend geschlagen wurde. Zum 50. Jubiläum des erfolgreichen anti-französischen Widerstandskrieges wurde das bronzefarbene Siegesmonument 2004 eingeweiht. Die durch kollektiven Arbeitsfleiß der Bevölkerung und die militärstrategische Raffinesse des Generals Vo Nguyen Giap gewonnene Kesselschlacht von Dien Bien Phu zählt zu den wichtigsten *lieux de mémoire*[89] des modernen

---

[86] Schwenkel, S. 108
[87] Ebd., S. 109
[88] Vgl. Grant, Bruce, „New Moscow Monuments, or, States of Innocence". In: American Ethnologist, Vol. 28, No. 2 (Mai 2001), S. 347
[89] Im Umkehrschluss müsste die französische Niederlage von Dien Bien Phu und das damit bedingte Ende des kolonialen Engagements der Grande Nation in Indochina getreu Pierre Noras Konzept der Erinnerungsorte eigentlich ebenso eine bedeutende Rolle innerhalb der *lieux de mémoire* der französischen Nation einnehmen. Des Öfteren wurde Noras positivistische Auswahl an Erinnerungsorten schon zum Gegenstand von Kritik in der Wissenschaft, da dies neben weiteren Beispielen nicht der Fall ist.

Vietnams und wird häufig auf den Bedeutungszusammenhang eines allgemein gültigen ‚Geistes' von Dien Bien Phu übertragen.[90]

Drei Soldaten sind in dem Bronzewerk dargestellt, die zum einen die Kampfbereitschaft (schussbereiter Soldat), den nationalen Stolz (Soldat schwenkt vietnamesische Fahne) und die Opferbereitschaft für die nachfolgende Generation (Soldat schultert ein Kind in Siegespose) symbolisieren. Mit diesen typischen Pathosformeln der sozialistischen Denkmaltradition wird einerseits an eine glorreiche Vergangenheit erinnert und andererseits durch die triumphierende Haltung und die gen Himmel gerichteten Blicke die Vision einer verheißungsvollen Zukunft propagiert.

Besonders kennzeichnend für den sozialistischen Realismus sind die heroisch und pompös inszenierten Darstellungsformen von Arbeitern oder Soldaten, die in der Regel in allen heutigen und ehemaligen sozialistischen Ländern noch vorzufinden sind.[91] So weist beispielsweise das 1984 am Hoan Kiem See in Hanoi errichtete Märtyrer-Denkmal des Künstlers Nguyen Kim Gao (Fig. 4) Ähnlichkeit in der dargestellten Körpersprache mit der Dresdner Betongruppenplastik ‚Proletarischer Internationalismus' auf, die 1982 von Vinzenz Wanitschke fertiggestellt wurde.

Selbst neuere vietnamesische Kriegerdenkmäler, wie das in Dien Bien Phu oder das ebenfalls 2004 am Dong-Xuan-Markt in Hanoi eingeweihte Basrelief aus Bronze, das an den kämpferischen Widerstand gegen französische Kolonialtruppen im Winter 1946 *(mua dong 1946)* erinnert, sind von ihrer Ästhetik noch immer von der ideologisch vereinnahmten Kunstrichtung des sozialistischen Realismus der Sowjetunion geprägt.

---

[90]   Vgl. Bradley, Mark P., „Remembering and Forgetting War in the Contemporary Vietnamese Cinema". In: Hue-Tam Ho Tai [Hrsg.], The Country of Memory: Remaking the Past in Late Socialist Vietnam, Berkeley [u.a.] 2001, S. 208

[91]   Ignatieff, S. 162

Nach dem Beschluss No.5/2000QD-BVHTT des Ministeriums für Kultur und Information vom 29. März 2000 gibt es exakte Bestimmungen, die bei der Erbauung und Pflege von Monumenten befolgt werden müssen. Sie betreffen in erster Linie Ausmaß und Gestaltung.[92]

Fig. 4: Märtyrer-Denkmal in Hanoi *Cam tu cho To quoc quyet sinh.*
Bildquelle: Autor

---

[92] Schwenkel, S. 116f.

Fig. 5: Märtyrer-Denkmal in Hanoi *Quyet tu cho To quoc quyet sinh.*
Bildquelle: Thorben Kohl

Repräsentation des US-Luftkrieges

Denkmäler in der Hauptstadt Hanoi haben häufig einen Bezug zum
Luftkrieg und zu den schweren Bombardements durch die *US Air
Force* (USAF), mit denen Luftwaffengeneral Curtis E. LeMay Nordvietnam „zurück in die Steinzeit bomben" wollte, um die Basis der in Südvietnam aktiven Guerillaeinheiten zu eliminieren.[93] Wahrzeichen von

---

[93]   Vgl. Frey, Marc, Geschichte des Vietnamkriegs: Die Tragödie in Asien und das
Ende des amerikanischen Traums, München 1998, S. 115

Hanoi und gleichzeitig wichtigstes Symbol für den vietnamesischen Widerstand ist die 1902 unter französischem Kommando errichtete Long-Bien-Brücke *(Cau long bien)*,[94] die über den Roten Fluss führt. Aufgrund ihrer strategischen Bedeutung als einzige Verbindung mit dem Hinterland war die markante Stahlkonstruktion während des Amerikanischen Krieges eines der Hauptziele der US-Luftwaffe. Obwohl die Brücke knapp zweihundert Mal von Bomben zerstört wurde, haben die Einwohner sie in mühsamer Kleinstarbeit immer wieder zusammengeflickt.[95] Elemente dieser improvisatorischen Patchwork-Reparaturen sind heute noch zu erkennen.

Viele der zerstörten Häuser und Einrichtungen, wie das während der US-Luftoffensive *Operation Linebacker II* an Weihnachten 1972 zerbombte Bach-Mai-Krankenhaus oder die zertrümmerten Häuserreihen in der Kham-Thien-Straße, sind heute wieder aufgebaut.[96] Am kleinen Huu-Tiep-See hingegen sind die Spuren des Krieges noch immer zu sehen: Das Wrack eines abgeschossenen B52-Bombers ragt dort seit dem Amerikanischen Krieg aus dem Wasser. *Di tich lich su* – „historischer Überrest", lautet die schlichte Überschrift auf einer Erklärungstafel. Sie ist auf einer kleinen Stele auf dem See angebracht und gibt sowohl auf Vietnamesisch als auch auf Englisch Auskunft. „When I pass by the wreckage, I feel proud that the Vietnamese people sacrificed their lives to protect the country and to give us a peaceful live today", erklärte eine junge Schülerin aus Hanoi, als sie von einer amerikanischen Reporterin nach der Bedeutung des Wrackes für sie befragt wurde.[97] Getreu des staatlich propagierten Narrativs der vietnamesischen Opferbereitschaft für die zukünftigen Generationen hat das Mädchen diesen Erinnerungsort des Amerikanischen Krieges als Quelle des Patriotismus für sich gedeutet.

---

[94] Die Brücke war ursprünglich nach dem franz. Generalgouverneur Paul Doumer benannt.

[95] Henderson, Joan C., „War as a Tourist Attraction: the Case of Vietnam". In: International Journal of Tourism Research No. 2, (2000), S. 274

[96] Tatum, S. 643

[97] Befragung von Aschwanden, Christie „Crash Site of a B-52 in Hanoi" (05.05.2007): pulitzercenter.org/video/crash-site-b-52-hanoi [12.07.2011]

Fig. 6: Streubombe vom Typ CBU-24, mit denen die USAF Vietnam und insbesondere Laos intensiv bombardiert hat.
Bildquelle: Autor

Einem ganz speziellen ‚Luftpiraten' – wie die US-Bomberpiloten von den Vietnamesen genannt wurden[98] – ist in Hanoi ein eigenes Denkmal gewidmet: US-Senator John Sidney McCain. Der im Amerikanischen Krieg als Kampfpilot aktive Admiralssohn wurde am 26. Oktober 1967 bei einem Einsatz über Hanoi abgeschossen und landete

---

[98]   Ihre Geschichte verstehen die Vietnamesen als Verkettung eines andauernden Verteidigungskampfes gegen ausländische Invasoren. Da die allerersten Invasoren tatsächlich Piraten waren, kommt dem Bild des ‚Piraten' in der vietnamesischen Historiografie eine gesonderte Rolle zu. Vgl.: Sontag, Trip, S. 35

nach dem Absprung mit dem Fallschirm inmitten des Truc-Bach-Sees, der direkt an den großen Westsee *(Tay Ho)* angrenzt.[99] Von einer Gruppe Vietnamesen wurde der besinnungslose McCain damals aus dem See gefischt und in Kriegsgefangenschaft überführt. An dieser Stelle wurde ein Denkmal errichtet, das ein Abbild des prominentesten Abschussopfers während des Amerikanischen Krieges beim Sturz in den See zeigt. Auf einer Hinweistafel wird der Luftpirat als „John Sney MaCan" identifiziert.[100] Durch die hohe militärische Stellung seines Vaters und seine spätere politische Karriere wird die Gefangenschaft McCains als großer Triumph gefeiert. Erinnert wird damit außerdem an die erfolgreiche Flugabwehr und den heldenhaft geführten Widerstand. Der US-Präsidentschaftskandidat von 2008 besuchte das Denkmal bei seiner ersten Rückkehr nach Vietnam.[101]

Die Rolle der Frau in der Erinnerungssymbolik

Anh hung (heroisch), *bat khuat* (unbeugsam), *trung hau* (treu/gutmütig), *dam dang* (fleißig) – so lauten die „acht Worte aus Gold" *(Tam chu vang)*, mit denen Ho Chi Minh die vorbildhaften Eigenschaften der vietnamesischen Frauen im Krieg beschrieb.[102] Anders als in den USA, wo die Frauen lange um eine entsprechende Würdigung ihrer Verdienste während des Krieges zu kämpfen hatten,[103] spielt die Frau auch in der öffentlichen Repräsentation der vietnamesischen Erinnerung eine besondere Rolle.[104] In doppelter Weise wird der Frauen dabei gedacht.

---

[99] McCain, John und Salter, Mark, Faith of my fathers, New York 2000, S. 189
[100] Quelle: eigene Fotos.
[101] Lamb, David, „His Life Is Linked to the Pilot He Saved". In: *Los Angeles Times* (06.06.1998). URL: articles.latimes.com/1998/jun/06/news/mn-57061 [05.05.2011]
[102] Eisner, Rivka Syd Matova, Re-staging Revolution and Remembering Toward Change: National Liberation Front Women Perform Prospective Memory in Vietnam, Chapel Hill 2008, S. 24
[103] Erst nach langen Debatten wurde das VVM 1993 mit dem *Women's Memorial* um noch eine weitere Statue erweitert, auf der die acht Namen der amerikanischen Frauen eingraviert sind, die während des Vietnamkriegs getötet wurden. Fast 10.000 Frauen dienten in Vietnam.
[104] Vgl. Tai, Gendered, S. 167-195

Fig. 7: Statue vor dem Frauenmuseum in Ho-Chi-Minh-Stadt, auf der die „acht Worte aus Gold" *Anh hung, bat khuat, trung hau, dam dang* geschrieben stehen. Bildquelle: Autor

Als Konsequenz eines Krieges, bei dem die gesamte Bevölkerung involviert war, wird einerseits daran erinnert, dass auch Frauen als ‚tapfere Kämpferinnen' ihren Dienst an der Waffe geleistet haben – was im Süden nicht der Fall war. Spezielle Ausstellungen und eigene Frauenmuseen[105] in Hanoi und Ho-Chi-Minh-Stadt widmen sich dem Thema.[106] Andererseits steht die Frau in ihrer Rolle als Mutter und Ehefrau, die ihre Söhne

---

[105]   Webseite der Frauenmuseen: www.baotangphunu.com [06.07.2011]
[106]   Vgl. Tai, Gendered, S. 186-188

und Ehemänner in den Krieg ziehen ließen, symbolisch für die Hingabe und Opferbereitschaft Vietnams.[107] Dieses offizielle Narrativ der Aufopferung und des Leidens manifestiert sich häufig durch monumentale Darstellungen von Frauen, ähnlich der beiden monolithischen Mutter-Heimat-Statuen in Russland und der Ukraine.[108]

Während im westlichen Kriegsgedächtnis häufig die Ehefrau leidet und durch ihren auf dem Schlachtfeld gefallenen Ehemann zur Witwe wird, drückt sich das Leiden in Vietnam vielmehr durch die Mutter aus, die in vielen Monumenten Symbol der Trauer ist. Hue-Tam Ho Tai erklärt dieses Phänomen unter anderem damit, dass die vietnamesischen Soldaten bei ihrem Einzug in die Armee oftmals noch zu jung waren, um schon Ehemann und Vater gewesen zu sein, und somit die Mutter die zentrale Rolle im Leben der jungen Männer eingenommen hat.[109] In Da Nang wurde 1985, zum zehnjährigen Jubiläum des Kriegsendes, die Statue von Mutter Courage (*Me dung si*) eingeweiht.[110] Sie ist ein Symbol mütterlicher Fürsorglichkeit, die auch der sozialistische Staat für sich beansprucht. Mit der linken Hand auf dem Herzen und der gebebereiten, ausgestreckten rechten Hand steht sie für die ‚patriotischen‘ Mütter Vietnams, die gleich mehrere Söhne im Krieg verloren haben. Von der Regierung werden diese Frauen als ‚Heldenmütter‘ geehrt.

Das mit 18,5 Metern Höhe und knapp 80 Metern Breite größte Monument für die Heldenmütter wurde vom Künstler Dinh Gia Thang entworfen und befindet sich seit 2007 im Bau. Das Monument in Tam Ky in der Provinz Quang Nam in Zentralvietnam wird als Brunnen angelegt und ist begehbar. In einer ständigen Ausstellung wird dort über Einzelschicksale berichtet, außerdem sind alle Namen der fast 50.000 Heldenmütter aufgeführt.[111] Modell für die Frauenstatue im Zentrum des Monuments stand Nguyen Thi Thu, die in Vietnam

---

[107]   Schwenkel, S. 108
[108]   Ignatieff, S. 159
[109]   Tai, Gendered, S. 177f.
[110]   Schwenkel, S. 102
[111]   „Construction of Heroic Vietnamese Mother monument begins". In: VFEJ.vn (Dien dan cac nha bao moi truong viet nam) (28.07.2009). URL: www.vfej.vn/ en/detail/16829/construction_of_heroic_vietnamese_mother_monument_be- gins [13.06.2011]

zum nationalen Inbegriff der Heldenmutter geworden ist. Sie wurde 1904 geboren und verlor insgesamt neun Söhne, einen Schwiegersohn und einen Enkel im Kampf gegen Franzosen und Amerikaner. Sie verstarb 2010 im Alter von 106 Jahren.[112] Noch 2012 soll der Komplex aus Sandstein fertiggestellt werden. Auch im Süden Vietnams gibt es ein großes Frauendenkmal. Das Abbild der leidenden Mutter in Long Binh ist jedoch ausschließlich der Nordvietnamesischen Volksarmee (NVA) gewidmet und berücksichtigt keine Soldaten der Armee der Republik Vietnam (ARVN).

Repräsentation der Wiedervereinigung

Nachdem die Alliierten 1945 auf der Potsdamer Konferenz über eine Teilung Vietnams verhandelt hatten, wurde der 17. Breitengrad während der Genfer Indochinakonferenz 1954 als Entmilitarisierte Zone (EMZ) zwischen Nord- und Südvietnam festgelegt. Nach den für 1956 anberaumten Wahlen sollte diese provisorische Teilung wieder aufgehoben werden. Aus Furcht vor einem demokratisch erzielten Abstimmungssieg der Kommunisten weigerte sich der südvietnamesische Präsident und Protegé der US-Regierung, Ngo Dinh Diem, jedoch landesweite Wahlen abzuhalten, womit er die Teilung des Landes besiegelte.[113] Vietnam war endgültig gespalten. Zum Symbol für *Noi dau chia cat*, den „Schmerz der Trennung", wurden der entlang des 17. Breitengrades verlaufende Ben-Hai-Fluss und die ihn überspannende Hien-Luong-Brücke. Aufgrund der Nähe zur Flussmündung in das Südchinesische Meer ist der Ben Hai an dieser Stelle bereits leicht salzig. Einer vietnamesischen Legende nach liegt das an den Tränen und dem Blut, das während der Trennung vergossen wurde.

Bis zu ihrer Zerstörung durch amerikanische Bomben 1967 war die Brücke zur einen Hälfte in rot und zur anderen in gelb angestrichen,

---

[112] „Thousands of people attend funeral of Heroic Mother" (13.12.2010). In: Vietnam.net. URL: english.vietnamnet.vn/en/society/2651/thousands-of-people-attend-funeral-of-heroic-mother.html [13.06.2011]

[113] Frey, Geschichte, S. 18, S. 39, S. 63

um auch eine ideologische Trennung zwischen dem kommunistischen Norden und dem von den USA unterstützten Süden aufzuzeigen.[114] Als eines von vielen Projekten zur Feier der 30-jährigen Wiedervereinigung Vietnams wurde im April 2008 am Südufer des Ben Hai das Steinmonument „Streben nach Wiedervereinigung" *(Khat vong thong nhat)* fertiggestellt. Es zeigt eine wartende Mutter und ein Kind vor aufgestellten Kokospalmwedeln. Ihre Augen sind mit sehnsüchtigem Blick auf das Nordufer gerichtet, von wo aus sie ihre „Befreier" erwarten. Die Statuen sind so groß, dass sie noch von der Nordseite des an dieser Stelle mehr als 150 Meter breiten Flusses durch den dortigen Ho-Chi-Minh-Bogen *(Ho chu tich muon nam* – „Lang lebe Präsident Ho") zu sehen sind.

Von diesen beiden Punkten aus lieferten sich Nord und Süd zu Kriegszeiten einen unerbittlichen Kampf, der mit allen erdenklichen Mitteln geführt wurde. Auf einer Distanz von mehr als einem Kilometer wurden entlang der Nordseite des Ben Hai zum Beispiel leistungsstarke Lautsprecher installiert, um den Süden rund um die Uhr mit dem Radioprogramm des Propagandasenders *The Voice of Vietnam*[115] aus dem kommunistischen Norden zu beschallen. Nur wenige Wochen später antwortete der Süden mit der gleichen Taktik, indem die eigene Propaganda mit noch höherer Lautstärke nach Norden gesendet wurde. Erst mit den verstärkten Bombardements der USAF in der Provinz Quang Tri Mitte der 1960er Jahre verstummten die Lautsprechanlagen.

Beide Seiten versuchten sich zudem gegenseitig mit der Höhe ihres Flaggenmasts zu übertrumpfen. Was mit einem zwölf Meter hohen Flaggenmast im Norden begann, ging nach mehr als hundert Erweiterungen soweit, dass die vietnamesische Fahne 1962 an einem fast 40 Meter hohen Mast gehisst wurde.[116] Fünf Jahre später wurde auch

[114]   Müller, Nicole, „Besuch auf dem Schlachtfeld". In: Spiegel Online (26.06.2002). URL: www.spiegel.de/reise/fernweh/0,1518,202534,00.html [16.06.2011]
[115]   Webseite der Radiostation: english.vov.vn [16.06.2011]
[116]   „The Untold Stories of Hien Luong Bridge". In: People's Army Newspaper Online (Quan doi nhan dan). URL: www.qdnd.vn/QDNDSite/en-us/75/72/184/164/207/63044/Default.aspx [15.06.2011]

dieser Mast von amerikanischen Bomben zerstört. Zur Erinnerung an den Flaggenkampf (und seinen Sieger) weht heute die rote Fahne mit dem gelben Stern einzig auf der Nordseite des Flusses. Parallel zu einer 1996 neu errichteten Stahlbrücke (178 Meter) führt mittlerweile auch wieder die aus Holz rekonstruierte Hien-Luong-Brücke über den Ben Hai.

Gesellschaftliche Akzeptanz

In der vietnamesischen Bevölkerung gibt es vermehrt kritische Stimmen zur massenhaften Errichtung von Monumenten. Diskussionen gibt es insbesondere über die staatlich geregelten Auflagen für die Künstler, die streng nach Vorschrift arbeiten müssen und dadurch in ihrer Kreativität eingeschränkt werden. Außerdem missfällt den Vietnamesen die oftmals ‚unvietnamesische' Ästhetik der klotzigen Werke. Ein anderes Streitthema sind die horrenden Beträge, die zur Finanzierung bestimmter Bauvorhaben aufgebracht werden. Viele Menschen würden ihre Dong lieber als Investition in humanitäre Projekte und zur Bekämpfung der Armut sehen.[117]

Dennoch gibt es auch Beispiele, an denen sich verdeutlicht, dass es eine gewisse gesellschaftliche Akzeptanz für die monumentalisierte Erinnerung gibt und die Integration einiger Denkmäler in das öffentliche Leben funktioniert. Ähnlich wie in Russland, wo Brautpaare für ihre Hochzeitsbilder vor Kriegerdenkmalen posieren und der Hintergrund zu einem Substitut für fehlende sakrale Elemente wird,[118] gilt es allgemein auch in Vietnam als patriotisch, sich vor dem Mausoleum oder anderen öffentlichen Institutionen, die den nationalen Stolz repräsentieren, fotografieren zu lassen.

---

[117]   Vgl. Schwenkel, S. 103
[118]   Vgl. Ignatieff, S. 159

2.3   GEDENKSTÄTTEN

Hoa Lo

Die bekannteste Gedenkstätte in Hanoi dient – wenn auch auf sehr antagonistische Art und Weise – in gleich doppelter Hinsicht als vietnamesischer Erinnerungsort für das Narrativ des nationalen Befreiungskampfes. Es handelt sich dabei um das *Maison Centrale*, ein Gefängnis, das die Franzosen Ende des 19. Jahrhunderts erbauen ließen, als Hanoi das Verwaltungszentrum der Kolonie Französisch-Indochina war. Nahezu die gesamte spätere sozialistische Führungsspitze Vietnams war während der Kolonialzeit in dem Komplex inhaftiert. Obwohl das Gefängnis nur für 450 Insassen ausgelegt war, wurden zeitweise mehr als viermal so viele Gefangene gleichzeitig in den engen Zellen eingesperrt. Fußschellen und eine Guillotine erinnern in der heutigen Gedenkstätte an die von den Kolonialherren praktizierte Folter und Enthauptungen, wodurch das Bild des ‚grausamen französischen Fremdbesatzers' bestärkt wird.

Durch die vielen inhaftierten Revolutionäre sind während der Kolonialzeit zahlreiche Gefängnismemoiren *(Hoi ky nha tu)* entstanden, auf deren tugendhafte Texte sich die Vietnamesen in den 1950er Jahren rückbesinnten. Als ideologische Basis wurden sie zum integralen Bestandteil für den anti-französischen Widerstand.[119] Ähnlich wie zuvor schon Ho Chi Minhs Gefängnistagebuch,[120] das er während seiner Haft in China in den 1940er Jahren verfasste und das zur Metapher für den politischen Kampf avancierte, wurden die Gefängnismemoiren zur Grundlage für die Konstruktion der kollektiven öffentlichen Erinnerung.

In der Regel wurden die Memoiren gemeinsam mit dem vietnamesischen Kultusministerium ausgearbeitet, weshalb sie weniger von individuellen Erfahrungen geprägt sind. Vielmehr sind die ideologi-

---

[119] Zinoman, Peter, „Reading Revolutionary Prison Memoirs". In: Hue-Tam Ho Tai [Hrsg.], The Country of Memory: Remaking the Past in Late Socialist Vietnam, Berkeley [u.a.] 2001, S. 21

[120] Ho Tschi Minh, Gefängnistagebuch: 102 Gedichte, München 1970

schen Schriften Ausdruck allgemeingültiger Werte für die Kollektive. So steht beispielsweise der ‚unbezähmbare Geist' der Inhaftierten für die erstrebenswerte Tugendhaftigkeit des Volkes. Die Gefängnismemoiren wurden außerdem geschrieben, um die „Errungenschaften der Partei zu verbreiten, ein leuchtendes Beispiel für die anti-imperialistische Heldenhaftigkeit vorzugeben und den nachkommenden Generationen Lehrstunden vergangener Kämpfe zu erteilen".[121] Wie Peter Zinoman in seiner Untersuchung zu den vietnamesischen Gefängnismemoiren herausgearbeitet hat, reflektieren die propagandadurchtränkten Schriften weitaus mehr, wie die politischen Strategien zur Konstruktion von Erinnerungskultur ausgesehen haben, als dass sie tatsächlichen Aufschluss über die Zustände in den kolonialen Gefängnissen geben.[122] Kaum Quellen über die dortigen Zustände gibt es vergleichsweise für die Zeit ab 1954, als die Vietnamesen das *Maison Centrale* unter dem Namen Hoa Lo („Heißer Ofen") für eigene Zwecke umfunktionierten.

Weltweite Berühmtheit erlangte das Gefängnis während des Amerikanischen Krieges, als die Nordvietnamesen dort zwischen 1964 und 1973 abgeschossene Bomberpiloten aus den USA unterbrachten. Dadurch gilt Hoa Lo auch als wichtiger Teil der amerikanischen Erinnerungskultur.[123] Von den Insassen wurde das Gefängnis spöttisch als „Hanoi Hilton" bezeichnet.[124] Obwohl inzwischen weite Teile des Hoa-Lo-Komplexes dem gigantischen Einkaufs- und Bürozentrum *Hanoi Towers* weichen mussten, dokumentiert heute eine Ausstellung die Geschichte des Gefängnisses in den verbliebenen Überresten. Zwar nimmt die Dokumentation der französischen Gewaltverbrechen den weitaus größeren Ausstellungsbereich ein, doch werden in Hoa Lo auch Ausrüstungsgegenstände der ‚Luftpiraten' aus den USA gezeigt. Trophäisch und als Prunkstück des Museums wird die Fliegeruniform des bekanntesten Abschussopfers des Luftkriegs präsentiert: John McCain.

---

[121] Zitiert und übersetzt nach Zinoman, S. 22f.
[122] Zinoman, S. 39
[123] Bleakeney, S. 163
[124] McCain, John und Salter, Mark, Faith of my fathers, New York 2000, S. 190

Fig. 8: Fliegeruniform mit Fallschirm, den John McCain bei seinem Abschuss über Hanoi am 26. Oktober 1967 trug.
Bildquelle: Autor

McCain verbrachte den Großteil seiner fünfeinhalbjährigen Gefangenschaft in Hoa Lo. *Prisoners of War* (POW) und *Missing in Action* (MIA) geratene Soldaten sind noch immer ein hochsensibles Streitthema zwischen den USA und Vietnam.[125] Während im Museum von Hoa Lo anhand von Belegfotos – auf denen die Amerikaner im Innenhof gemeinsam Sport treiben, vergnügt Billard spielen oder um einen

---

[125]   Vgl. Bleakney, Julia, Revisiting Vietnam: Memoirs, Memorials, Museums, New York [u.a.] 2006, S. 165

Christbaum versammelt Weihnachten feiern[126] – dokumentiert ist, welche Freiheiten die Gefangenen trotz aller Umstände genießen durften, beklagen viele der ehemaligen Häftlinge, dass sie entgegen dem Kriegsgefangenenrecht Opfer von Folter wurden. Diese Behauptung lässt sich allerdings nur schwer verifizieren. Zwar ist die Ausstellung von Hoa Lo augenscheinlich von einer Doppelmoral durchzogen, bei der die Vietnamesen sich einerseits märtyrerhaft als Opfer der französischen Gefängniswärter präsentieren und andererseits als wohlwollende Aufseher über amerikanische Gefangene inszenieren, doch konnte auch John McCain mit seinen 1999 veröffentlichten Memoiren keine haltbaren Folterbelege erbringen.

In den 1990er Jahren kam es zu einem ironischen Zwischenfall.[127] Zu diesem Zeitpunkt bemühte sich die Hilton-Gruppe um das freie Grundstück, das durch den teilweisen Abriss des ursprünglichen Hoa-Lo-Komplexes entstanden war, um das erste Hilton Hotel in Vietnam zu errichten. Von der amerikanischen Presse wurde dieses Unterfangen aufgrund des bedeutungsschweren Zusammenhangs mit der amerikanisch-vietnamesischen Geschichte als äußerst makaber kritisiert.[128] Im Jahr 1999 eröffnete dann mit dem *Hilton Hanoi Opera Hotel*[129] tatsächlich ein Hotel der Hilton-Gruppe in der vietnamesischen Hauptstadt.

---

[126]   Quelle: eigene Fotos
[127]   Vgl. Bleakney, Revisiting, S. 168
[128]   Cogan, Brian, „Hilton in Hanoi: Irony or Apathy?". In: *New York Post,* 21. März 1999
[129]   Webseite des *Hilton Hanoi Opera Hotels*: www1.hilton.com/en_US/hi/hotel/ HANHITW-Hilton-Hanoi-Opera-hotel/index.do [26.06.2011]

My Lai

> Jetzt fotografieren hier Touristen, Kriegsveteranen, Schüler und Journalis-
> ten. Eine Landschaft von 504 Toten. Das Grauen ist verschwunden. Keine
> Schreie, keine Angst, kein Massengrab, keine Gebeine, keine Knochen-
> reste. Die betuliche Ästhetik des leeren Ortes.[130]

Als erste vietnamesische Gedenkstätte wurde 1976 unmittelbar nach
dem Krieg die Son-My-Gedenkstätte *(Chung tich son my)* inmitten
des Dorfes My Lai eröffnet. Sie erinnert an das von amerikanischen
Soldaten verübte Massaker von My Lai.[131] Im März 1968 war ein Platoon der US-Armee unter Führung von Lieutenant William Calley in
das beschauliche Dorf in der zentralvietnamesischen Provinz Quang
Ngai eingedrungen, um Kämpfer der Nationalen Befreiungsfront
(National Liberation Front, NLF) aufzuspüren. Ohne auf bewaffneten
Widerstand zu treffen, steckten die Soldaten Hütten in Brand, verge-
waltigten Frauen und massakrierten innerhalb von vier Stunden fast
das gesamte Dorf – darunter Greise, Frauen, Kinder, Vieh- und Haus-
tiere.[132] A posteriori stellte sich heraus, dass den Tötungen nicht nur
eine während des Krieges kontinuierlich gesteigerte Radikalität der
Soldaten und die mörderische Strategie des „Body Count"[133] zugrunde
lagen, sondern von höherer Befehlsebene Vorschub geleistet wurde:
Die Exekution von Frauen und Kindern war von Offizieren angeordnet worden.[134] Angaben der US-Armee zufolge wurden insgesamt 347

---

[130] Zitiert nach: Marek, Michael, „Der letzte Zeuge von My Lai". In: *Hamburger Abendblatt* (11.03.2008). URL: www.abendblatt.de/politik/ausland/arti-
cle524109/Der-letzte-Zeuge-von-My-Lai.html [15.06.2011]

[131] Zu den Ereignissen vgl.: Bilton, Michael und Sim, Kevin, Four hours in My Lai,
New York [u.a.] 1993

[132] Zu Kriegsverbrechen gegen Zivilisten vgl.: Greiner, Bernd, Krieg ohne Fron-
ten: die USA in Vietnam, Hamburg 2007; Sallah, Michael und Weiss, Mitch,
Tiger Force: The Shocking true story of American Soldiers out of Control in
Vietnam, London 2007

[133] Aufgrund der Asymmetrie des Amerikanischen Krieges sollte die Zählung ge-
töteter Feinde („Body Count") als Maßstab des militärischen Erfolges dienen.

[134] Vgl. Berg, Manfred: Rezension von: Greiner, Bernd: Krieg ohne Fronten: Die
USA in Vietnam, Hamburg 2007. In Sehepunkte 8 (2008), Nr. 1, www.sehe-
punkte.de/2008/01/13788.html [30.06.2011]

Menschen bei dem Massaker getötet. Auf der Gedenktafel in My Lai hingegen sind 504 Namen von Opfern in Marmorstein graviert. Geleitet wird die Gedenkstätte von Pham Thanh Cong, einem der letzten Überlebenden des Kriegsverbrechens. Zwar hatte das US-Militär alles dem Erdboden gleich gemacht, doch wurde das Dorf mit seinen ausgebrannten Hütten rekonstruiert.

In ihrem Zentrum beinhaltet die Gedenkstätte eine monumentale Steinskulptur einer alten Frau. Umgeben von ihren bereits toten Familienmitgliedern hält sie ein totes Kind im Arm. Mit ihrer anderen Hand streckt sie – nach typischer Darstellung des sozialistischen Realismus – ihre Faust empor und demonstriert trotz Trauer und Leid Standhaftigkeit. Im Boden zeichnen sich Abdrücke amerikanischer Soldatenstiefel ab, denen Spuren von barfuß laufenden Dorfbewohnern vorausgehen. Als Teil einer Fotoausstellung werden im anliegenden Museum die Bilder des amerikanischen Fotografen Ronald Haeberle gezeigt, der über den Einsatz des Platoons für die Armeezeitung *Stars & Stripes* berichten sollte. Sie gingen weltweit durch die Medien, als der investigative Journalist Seymour M. Hersh das zunächst von der Armee vertuschte Kriegsverbrechen aufklärte.[135]

Ein gesonderter Abschnitt der Gedenkstätte ist auch denjenigen GIs gewidmet, die immerhin Anzeichen von Widerstand zeigten – wie etwa der Hubschrauberkommandant Hugh Thompson. Er kam verspätet an den Tatort und konnte mit der Androhung von Waffengewalt gegen seine eigenen Kameraden das Leben von wenigstens elf Frauen und Kindern retten. Der einzige verletzte GI in My Lai war Herbert Carter, der sich selbst in den Fuß schoss – vermutlich um schnellstmöglich von dem Geschehen evakuiert zu werden. Nur eine Handvoll US-Soldaten wurden nach dem Massaker vor ein Militärgericht gestellt. In Verantwortung gezogen wurde am Ende einzig William Calley, der am 31. März 1971 zu lebenslanger Haft verurteilt wurde. US-Präsident Richard Nixon wandelte die Haftstrafe schon kurz darauf in einen Hausarrest um, 1974 bekam Calley sogar eine

---

[135] Hersh, Seymour M., My Lai 4: A Report on the Massacre and its Aftermath, New York 1970

Begnadigung. Dass der Wissenschaftler James Tatum die Gedenkstätte kurzum als „potente Propagandawaffe" abhandelt[136] wird der
durchaus sachlichen Berichterstattung des Museums nicht gerecht.
Das Massaker von My Lai war keine Ausnahme während des
Amerikanischen Krieges.[137] Deshalb ist der Symbolcharakter der Erin-
nerungsstätte umso bedeutender für die vielen unerwähnten und
unaufgeklärten Kriegsverbrechen. Nur einen Monat vor dem Zwischenfall in My Lai verübte beispielsweise eine südkoreanische Einheit
im Dorf Ha My in der Provinz Quang Nam ein ähnliches Kriegsverbrechen, bei dem es zur massenhaften Exekution von Zivilisten kam.
Da keine Kriegsreporter in den Reihen des US-Verbündeten anwesend
waren, gelangte der Vorfall lange Zeit nicht an die Öffentlichkeit.[138]
Auf private Initiative von amerikanischen und vietnamesischen Veteranen wurde 2001 ein sogenannter Peace Park in My Lai eröffnet. Mit
dem gemeinsamen Pflanzen von Bäumen wollen die Veteranen ein
Zeichen der Aussöhnung setzen.[139] Dafür setzt sich auch Pham Thanh
Cong ein:

> ,Nach Kriegsende hassten wir die Amerikaner sehr. Aber heute, in der Zeit
> des Friedens und der Öffnung, pflegen wir freundschaftliche Beziehungen
> und hegen keinerlei Rachegefühle.'[140]

Die Entmilitarisierte Zone

In der alten vietnamesischen Kaiserstadt Hue werden von diversen
Touristenbüros EMZ-Touren angeboten, die entlang verschiedener
Kriegsschauplätze der früheren „Entmilitarisierten Zone" führen.
Neben der Besichtigung des Truong-Son-Nationalfriedhofs und der
Überquerung des Ben Hai über die Hien-Luong-Brücke zählen eine

---

[136] Tatum, S. 641
[137] Greiner, Bernd, „The March 1968 Massacre in My Lai 4 and My Khe 4". In: Online Encyclopedia of Mass Violence (October 2009), S. 3
[138] Vgl. Kwon, Heonik, After the massacre: commemoration and consolation in Ha
My and My Lai, London [u.a.] 2006, S. 48
[139] Webseite des My Lai Peace Park: www.mylaipeacepark.org [24.06.2011]
[140] Pham Thanh Cong zitiert nach: Marek, Der letzte Zeuge

Erkundung des Tunnelsystems von Vinh Moc und der ehemaligen US-Kampfbasis Khe Sanh zu den Hauptstationen auf der als Tagesausflug konzipierten Tour. Diese Form des „tragic tourism"[141] oder „trauma tourism"[142] zu ehemaligen Schauplätzen des Krieges und Orten des Massensterbens ist kein neuartiges Phänomen.

Frühere Konzentrationslager wurden in Europa beispielsweise schon in den 1960er Jahren zu Gedenkstätten für die Opfer des Nationalsozialismus umgestaltet. Die Aufklärungsarbeit, die an diesen Orten geleistet wird, spielt besonders in der deutschen Erinnerungslandschaft eine herausragende Rolle und wird von internationalen Beobachtern oft als vorbildliche Aufklärungsarbeit der eigenen Vergangenheit gewürdigt.

In Südostasien ist tragic tourism hingegen noch weitgehend unerprobt. Reisebüros in Kambodscha preisen Besichtigungen ehemaliger Stätten des Genozids wie die *Killing Fields*[143] von Choeung Ek und das Foltergefängnisses *S-21* in Phnom Penh als ‚Hauptattraktionen' in ihrem Programm an. Auch 33 Jahre nach dem Völkermord befinden sich die Folterinstrumente und Spuren von Blut noch immer in den Gefängniszellen, was in einschlägigen Reiseführern als besonders authentisches Zeugnis der Schreckensherrschaft der Roten Khmer verkauft wird.[144] Das international überwachte Tribunal gegen die Führungsköpfe der Roten Khmer wurde erst 2007 eröffnet und ist noch immer nicht beendet. Selbst in Südkorea werden Touren entlang der EMZ für Touristen angeboten, obwohl die dortige militärische Demarkationslinie noch immer die offizielle Teilung zwischen Nord und Süd markiert.[145]

---

[141] Begriff nach: Lippard, Lucy R., On the Beaten Track: Tourism, Art, and Place, New York 1999

[142] Begriff nach: Clark, Laurie B, „Always Already Again: Trauma Tourism and the Politics of Memory Culture". In: Encounters 1, Department of Tourism and Transnational Studies, Dokkyo University 2010, S. 65f.

[143] ‚Killing Field' ist ein insbesondere durch den britischen Kinofilm *The Killing Fields* (1984) geprägter Begriff für die kambodschanischen Massengräber, die während der Gewaltherrschaft der Roten Khmer von 1975 bis 1978 entstanden.

[144] Ledgerwood, Judy, „The Cambodian Tuol Sleng Museum of Genocidal Crimes: National Narrative". In: Museum anthropology 21 (1) 1997, S. 84

[145] Korea EMZ-Tourismus: german.visitkorea.or.kr/ger/SI/SI_GE_3_3_1.jsp [20.06.2011]

Die geführte EMZ-Bustour in Vietnam startet in Hue und führt nördlich nach Quang Tri. Als *La rue sans joie* hatte der Kriegsberichterstatter Bernard B. Fall diesen während des Indochinakrieges intensiv umkämpften Streckenabschnitt weltweit bekannt gemacht. Durch eine Landmine wurde der Autor dort 1967 selbst getötet.[146] Während in Vietnams bekanntester Tunnelanlage Cu Chi die meisten Gänge zerstört wurden oder verschüttet sind, können Touristen heute im unterirdischen System von Vinh Moc noch Teile eines originalen Tunnelnetzes besichtigen.

Um den schweren amerikanischen Bombardements auszuweichen, die das beschauliche Dorf Vinh Moc in eine Mondlandschaft verwandelt hatten, wurden die knapp drei Kilometer langen Verbindungsgänge in einer Tiefe von 30 Metern von den Bewohnern ausgehoben. Das Dorf stand unter dem Verdacht, eine wichtige Nachschubbasis für den Norden zu sein. Der zwischen 1966 und 1972 gefertigte Komplex beherbergte neben Wohn- und Kommandobereichen auch ein Theater und improvisierte Krankenstationen. Mehrere Kinder wurden in den maximal 1,70 Meter hohen Tunneln geboren. Das Tunnelsystem gilt als großer Erfolg, da keiner der Untergrundbewohner durch amerikanische Bomben zu Tode kam.

Die Gedenkstätte von Vinh Moc trägt deshalb großen Symbolcharakter für die nationale Identität Vietnams. Sie verdeutlicht, dass es den vietnamesischen Dorfbewohnern trotz der technischen Überlegenheit der amerikanischen Streitkräfte gelungen ist, ihre Heimat zu verteidigen. Mit einfachsten Werkzeugen haben die Menschen von Vinh Moc in geschätzten 18.000 Arbeitsstunden mehr als 6.000 Kubikmeter Lehmerde bewegt und im umliegenden Terrain verteilt. Stolz berichten ehemalige Tunnelbewohner, die heute Touristen mit Taschenlampen durch die Anlage führen, von Ausdauer und Fleiß, die für die kollektive Arbeit aufgebracht wurden. Im anliegenden Museum gibt es weitere Informationen über die widrigen Umstände, unter denen die Bevölkerung während der amerikanischen Bombardements zu leiden hatte.

---

[146] Fall, Bernard B., Street without joy: Indochina at war 1946-54, Harrisburg 1961, u.a. S. 144

Fig. 9: Eingang in das Tunnelsystem von Vinh Moc in der Provinz Quang Tri.
Bildquelle: Autor

Die Mehrheit der Teilnehmer einer EMZ-Tour sind amerikanische und australische Veteranen, weshalb zu den touristischen Etappen auch einstige Stützpunkte der feindlichen Truppen wie der ehemalige Aufklärungsposten des US-Marinekorps, *The Rock Pile*, gehören. Von der Spitze des Karstfelsens operierten von der Basis abgeschnittene US-Scharfschützen, die von aus Hubschraubern abgeworfenen ‚C-Rationen'[147] versorgt wurden.[148] Bleibende Spuren des Krieges sind nicht mehr zu sehen.

Weitaus prägnanter sind die im Truong-Son-Gebirge immer noch deutlich sichtbaren Auswirkungen des von der US-Armee flächendeckend eingesetzten Entlaubungsmittels *Agent Orange* und der von Napalm verbrannten Erde. Davon zeugen jene zahlreichen Lichtungen zwischen den ursprünglich dicht bewaldeten Gipfeln des Mittel-

---

[147]   C-Ration steht für *Combat Ration*, ein von der US-Armee gestelltes Essenspaket.
[148]   „Der Rockpile". In: NAM: Die Vietnam-Erfahrung 1965-75, Heft 4 (Hamburg 1987), S. 114

gebirgspanoramas, die sich in stark kontrastierendem hellgrün zu den dunkelgrünen Waldbäumen absetzen.

Fig. 10: Blick auf *The Rock Pile* im Truong-Son-Gebirge.
Bildquelle: Autor

Khe Sanh

Während in Khe-Sanh-Stadt ein gigantisches Siegesmonument, das drei vietnamesische Soldaten zeigt, schon von weiter Ferne erstrahlt, wirkt die einst umtriebige *Khe Sanh Combat Base* heute verlassen und trostlos. Auf dem ausgedorrten Plateau befindet sich ein kleines Museum, das im Außenbereich von verrosteten Panzern, Beutehubschraubern, Bunkernachbauten und Wrackteilen abgeschossener Flugzeuge umgeben ist. 500 Amerikaner und mindestens 10.000 NVA-Soldaten wurden während der Schlacht um Khe Sanh getötet.[149] Der mit schwerer Artillerie und unter Einsatz von weißem Phosphor und Napalm geführte Krieg forderte unzählige zivile Opfer.

[149] Henderson, S. 274

Fig. 11: 155mm Gun der US-Armee in der ehemaligen Basis von Khe Sanh.
Bildquelle: Thorben Kohl

Das an Laos grenzende Hinterland von Khe-Sanh-Stadt dient heute in erster Linie wieder – wie schon in der Kolonialzeit – als Kaffeeplantage. Außer einer zugewachsenen Landepiste ist von dem Originalschauplatz der ‚Belagerung von Khe Sanh 1968' kaum noch etwas zu sehen. „You go to Khe Sanh and it's just coffee plantations and black pepper trees", resümiert eine ernüchterte Harvard-Studentin nach ihrem Besuch.[150] Einzig die vietnamesischen Händler erinnern mit ihren als Souvenirs angebotenen Kriegs-Memorabilia noch an die Präsenz der amerikanischen Streitkräfte. Das ungepflegte Bild der herrenlos wirkenden Gedenkstätte von Khe Sanh erweckt vielmehr den Eindruck, dass im wahrsten Sinne des Wortes ‚Gras' über die Vergangenheit gewachsen

---

[150]   Zitiert nach: Mydans, Seth, „Visit the Vietcong's World: Americans Welcome". In: *New York Times* (07.07.1999)

ist.[151] Im vietnamesischen Narrativ des ‚anti-imperialistischen Widerstands' nimmt die frühere US-Militärbasis von Khe Sanh nur eine untergeordnete Rolle ein und wurde deshalb stiefmütterlich behandelt.

Fig. 12: Verwahrloster Panzer der US-Armee vom Typ M41 als Ausstellungsstück in Khe Sanh.
Bildquelle: Autor

Einen weitaus größeren Stellenwert als Erinnerungsort hat Khe Sanh hingegen bei amerikanischen Veteranen, die dort einst stationiert waren und persönliche Erlebnisse mit dem Stützpunkt verbinden. Die US-Armee hoffte, den Ho-Chi-Minh-Pfad von Khe Sanh aus überwachen zu können. In den US-Medien wurde während des ‚Vietnamkrieges' reichlich über die vermeintlich bedeutende Stellung berichtet, da der Oberbefehlshaber der amerikanischen Truppen, William Westmoreland, den Verdacht hegte, dass General Giap bei Khe Sanh eine

[151] Vgl. Kennedy, Laurel B. and Williams, Mary R., „The Past without the Pain: The manufacture of Nostalgia in Vietnam's Tourism Industry". In: Hue-Tam Ho Tai [Hrsg.], The Country of Memory: Remaking the Past in Late Socialist Vietnam, Berkeley [u.a.] 2001, S. 152

Entscheidungsschlacht herbeiführen würde. Eine vernichtende Niederlage wie sie die Franzosen in Dien Bien Phu erlitten, wollten die Amerikaner unter allen Umständen vermeiden. US-Präsident Barack Obama griff die Kesselschlacht von Khe Sanh sogar in seiner Inauguralrede 2009 auf und stellte sie in ein und denselben Kontext mit der Aufopferung amerikanischer Soldaten in berühmten Schlachten wie Concord, Gettysburg und der Landung in der Normandie.[152]

Schnelles Handeln zur Erhaltung historischer Stätten betrachtet der Historiker Jay Winter als erforderlich, um der „Zwillingsgefahr" von „Zerstörung und Kommerzialisierung" zu entgehen. Im Ersten Weltkrieg verdeutlichte sich dieses Phänomen nach der Schlacht um Verdun, als Plünderer schon kurz nach Waffenstillstand Bajonette, Waffen und andere Gegenstände als Souvenirs aufsammelten und feilboten.[153]

Trotz der akuten Gefahr, auf unexplodierte Minen und Blindgänger zu treten, haben vietnamesische Händler nach dem Krieg speziell in der von Granathülsen und abgefeuerten Geschossen übersäten EMZ Metallreste aufgesammelt. Durch die Ressourcenknappheit in Vietnam ist mit dem Verkauf von Metallschrott ein lohnendes Geschäft entstanden.[154] Ausländische Touristen und besonders aus den USA zurückgekehrte Veteranen, die in Vietnam nach Spuren und Überbleibseln des Krieges Ausschau halten wollen, sind häufig enttäuscht, wenn sie an der Stelle ehemaliger Militärbasen und Kriegsschauplätzen nur noch die Aushöhlungen von Schrotthändlern vorfinden.[155]

Mittlerweile wurde der Besuch des ehemaligen Militärstützpunktes *Camp Carroll* von der EMZ-Tour gestrichen, da außer überwachsenen Schützengräben rein gar nichts mehr an die Präsenz der Amerikaner erinnert.[156] Militärisches Gerät und Granathülsen wurden von den Metallhändlern längst abgetragen. Die Bunker wurden von den Einheimischen abgerissen und als Baumaterial für neue Häu-

---

[152]   Inaugural Address Barack Obama: www.whitehouse.gov/blog/inaugural-address/ [20.06.2011]
[153]   Winter, S. 99 u. S. 101
[154]   Tatum, S. 644
[155]   Vgl. Bleakney, S. 149
[156]   Vgl. Schwenkel, S. 84

ser verwendet. Vom Staat wird das Terrain um das frühere Camp Carrol unterdessen zum Anbau von Pfefferpflanzen genutzt.

2.4 STAATLICHE MUSEEN IN HANOI

Mit dem Aufkommen der Nationalstaaten im 19. Jahrhundert verbreiteten sich Museen in Europa als öffentliche Institutionen. Fürstliche Sammlungen wurden zunehmend einer breiten Öffentlichkeit zugänglich gemacht, um Errungenschaften der Hochkultur an das Volk zu übermitteln.[157] Einrichtungen wie das *Musée des Colonies* in Paris oder das *Imperial War Museum* in London dienten den Kolonialmächten hingegen als „ideologisches Werkzeug", um den Krieg und die kolonialen Bestrebungen als glorreichen nationalen Verdienst zu präsentieren.[158]

Um die „Kunst Indochinas auszustellen und zu erhalten", führten die Franzosen zu Beginn des 20. Jahrhunderts auch in ihrer vietnamesischen Kolonie Museen ein. Als erstes wurde 1923 das *Museum of Imperial Antiquities* in der Kaiserstadt Hue eröffnet. Weitere von der *École française d'Extrême-Orient* (EFEO) institutionell geleitete Museen folgten in Saigon (1929), Hanoi (1932) und 1935 in Da Nang.[159]

Bereits zwei Monate nach der Proklamation der Demokratischen Republik Vietnam im September 1945 schuf Präsident Ho Chi Minh mit dem *Vietnam Oriental Institute* eine vietnamesische Organisation, die die Verwaltung der EFEO übernahm und aus der später die Abteilung für Erhaltung und Museen des Kultur- und Informationsministeriums hervorging.[160]

---

[157] Vgl. Sutherland, Claire, „Repression and resistance? French Colonialism as seen through Vietnamese Museums". In: Museums and Society, November 2005, Vol. 3, S. 154

[158] Zitiert nach Sutherland, S. 155

[159] Hue-Tam Ho Tai, „Representing the Past in Vietnamese Museums". In: Curator: The Museum Journal 41, No. 3, S. 188

[160] Ebd., S. 188

Damit vollzog sich ein Paradigmenwechsel, denn die Museen sollten nun nicht mehr den Bedürfnissen des französischen Kolonialregimes dienen, sondern den sozio-politischen Prozess der vietnamesischen Nationenbildung fördern, indem fortan vorrangig die lange bestehende Geschichte des vietnamesischen Widerstandskampfes Berücksichtigung in den öffentlichen Ausstellungsräumen finden sollte.[161] Schwerpunktmäßig sind in Vietnam deshalb vor allem historische Museen mit didaktischem Charakter entstanden. Irritiert schrieb Susan Sontag 1968 nach einem Museumsbesuch in Hanoi in ihr Tagebuch:

> Today we got it [the monothematic history that people allude to in more or less the same terms] in full, during a long guided tour of the Historical Museum: four thousand years of continuous history, more than two thousand years of being overrun by foreign aggressors. [...] As the Vietnamese understand their history, it consists essentially of one scenario, which has been played out over and over again.[162]

Das Historische Museum[163] *(Bao tang lich su)* Vietnams ging 1958 in Hanoi aus dem *Musée Louis Finot* hervor. Im Jahr darauf wurden mit dem Revolutionsmuseum *(Bao tang cach mang)* und dem Armeemuseum zwei weitere geschichtliche Nationalmuseen eröffnet.[164] Paradoxerweise befinden sich alle drei Institutionen – jeweils inhaltlich antifranzösisch und antikolonial ausgerichtet – in markanten französischen Kolonialbauten.[165] Die staatlichen Museen in Vietnam sprechen mit ihren monothematischen Dauerausstellungen weniger westliche Touristen an, sondern sind vielmehr Rezeptoren des nationalen Leitmotivs für vietnamesische Schulklassen, Parteidelegationen und offizielle Staatsbesucher.

---

[161]   Tai, Representing, S. 190
[162]   Zitiert nach: Sontag, Trip, S. 33
[163]   Webseite des Historischen Museums: baotanglichsu.vn/portal/vi/Trang-chu/ mid/29453A92/ [26.05.2011]
[164]   Tai, Representing, S. 190
[165]   Logan, William S., „The Cultural Role of Capital Cities: Hanoi and Hue, Vietnam". In: Pacific Affairs, Vol. 78, No. 4 (Winter 2005/2006), S. 563

Revolutionsmuseum

Während die Sammlung des Historischen Museums in Hanoi zeit-
lich bei der Unabhängigkeit Vietnams endet, schließt das Revolutionsmuseum[166] in der Chronologie unmittelbar an und beleuchtet die
Geschichte der Kommunistischen Partei Vietnams.

> The Museum of the Revolution is a living history book. When visiting the
> museum, Party cadres and non-Party members, especially young people,
> will be able to see how heroes have sacrificed themselves for the nation,
> how the Party has led the Revolution, how many difficulties it overcame to
> bring it to victory.[167]

Ähnlich wie die Franzosen die Museen schon zuvor als „Funktions-
gedächtnis"[168] für koloniale Zwecke genutzt hatten, hat Ho Chi Minh
hier die ideologische Wirkungsabsicht der Ausstellung des Revolutionsmuseums formuliert. In den 29 Ausstellungsräumen des ehemaligen französischen Zollamtes werden drei Hauptthemen behandelt,
die allesamt Heldenepen von tapferen Soldaten sind, die im ‚patriotischen Kampf' ihr Leben für das Vaterland aufs Spiel gesetzt haben.
Revolutionsmuseen sind ein institutionelles Phänomen sozialistischer
Länder, in denen sie als Erinnerungsorte die Errungenschaften der
Revolution repräsentieren. Zu den bekanntesten Beispielen dieser Art
von Einrichtung gehört das *Museo de la Revolution* in Havanna, das der
kubanischen Revolution gewidmet ist.

In den ersten neun Hallen des Hanoier Revolutionsmuseums ist
der „nationale Unabhängigkeitskampf Vietnams von 1858 bis 1945"
dargestellt. Den größten Teil des Museums nimmt der „30-jährige
Widerstandskampf für nationale Unabhängigkeit und Wiedervereinigung gegen ausländische Aggressoren von 1945 bis 1975" mit insgesamt 15 Räumen ein. Drei weitere Räume sind dem Thema „Vietnam
auf dem Weg zur Etablierung einer reichen Nation, eines starken Landes und einer gerechten und zivilisierten Gesellschaft" gewidmet.[169]

---

[166] Webseite des Revolutionsmuseums: www.baotangcm.gov.vn [26.05.2011]
[167] Zitiert nach Tai, Representing, S. 190
[168] Begriff nach: Assmann, Schatten, S. 54
[169] Faltblatt des Revolutionsmuseums, Kultusministerium für Sport und Tourismus (2010)

Die Ausrichtung des Museums ist durch seine undistanziert revolutionäre Perspektive sehr einseitig. Jegliche Formen von Antikommunismus werden entweder verurteilt oder komplett ignoriert. Die südvietnamesische Bevölkerung wird lediglich als unterdrückte Gefolgschaft einer kleinen, nepotistischen Clique von Kollaborateuren mit dem US-Imperialismus oder als Washingtons Marionettenregime dargestellt. Der Interpretationswert staatlicher Museen in Vietnam konstituiert sich deshalb vielmehr aus den ‚nicht' berücksichtigten Gruppen und Ereignissen als durch die für die nationale Erinnerung repräsentierten.[170]

B52-Siegesmuseum

Am stärksten ideologisch gefärbt sind das B52-Siegesmuseum *(Bao tang chien thang B.52)* und das Museum für Militärgeschichte *(Bao tang lich su quan su viet nam)* in Hanoi. Das Siegesmuseum wurde im Dezember 1997, zum 25-jährigen Jubiläum von *Dien bien phu tren khong* („Dien Bien Phu in der Luft") eröffnet.

Das Kürzel ‚B52' *(Boeing B52 Stratofortress)* steht in Vietnam symbolisch für die verheerenden Flächenbombardements durch die *US Air Force* während des Amerikanischen Krieges. Allein über Nordvietnam wurden mehrere Millionen Tonnen Bomben abgeworfen. Als besonders heroischer Akt wird es deshalb in Vietnam noch heute gewürdigt, dass es der Luftabwehr gelang, zahlreiche B52-Maschinen abzuschießen. Die angegebenen Statistiken zwischen der US-Armee und der vietnamesischen Seite variieren stark. Die öffentliche Ausstellung der Bomberwracks in Vietnam stellt somit einen Beweis einer erfolgreichen Landesverteidigung dar.

Das Siegesmuseum dokumentiert und beschreibt speziell die verheerenden Auswirkungen der US-Luftoffensive *Operation Linebacker II* vom Dezember 1972, die umgangssprachlich auch als *December Raids* oder *Christmas Bombings* bezeichnet wird. Neben ausgestellten Generatoren

---

[170]   Tai, Representing, S. 197

Fig. 13: B52-Siegesmuseum.
Bildquelle: Autor

für die Notstromversorgung und Fotos des zerstörten Hauptbahnhofes oder des Bach-Mai-Krankenhauses zeigt das Museum gleichzeitig, wie die Luftangriffe erfolgreich vom Boden aus abgewehrt und bekämpft wurden. Diverse Flugabwehrraketen sowjetischen Typs und Wrackteile von abgeschossenen US-Bombern, die aus verschiedenen Teilen des Landes zusammengetragen wurden, sind im Außenbereich des Museums aufgereiht. Umgeben ist der Ausstellungspark von sozialistischen Propagandaplakaten.

Die Kriegsreliquien sind eine Demonstration vietnamesischer Entschlossenheit, sich mit einfachen Waffen einem technisch überlegenen Feind entgegen zu stellen und den heimischen Boden unter großem Einsatz zu verteidigen. Als Triumph im Luftkrieg wird in Vietnam das Jahr 1972 gefeiert, als den Amerikanern durch viele Abschüsse ihr ‚eigenes Dien Bien Phu' beschert werden konnte. Die Schlacht steht

hier wieder symbolisch für den Nimbus der vietnamesischen Unbesiegbarkeit.[171]

Museum für Militärgeschichte

Das Museum für Militärgeschichte wurde 1959 zum 15. Jahrestag der
Volksarmee eröffnet und ist eines von sieben Nationalmuseen in Vietnam. Es ist eine Huldigungsstätte für die NVA-Soldaten. Strategische
Modelle von Kriegsschauplätzen und ein maßstabsgetreues Schema
des Tunnelsystems von Cu Chi finden sich im Inneren des Museums.
Neben den konfiszierten Gegenständen von US-Piloten, einfachen
und schweren Beutewaffen, wirken die für den Guerillakampf konzipierten Fallen der Vietnamesen vergleichsweise simpel und impro-
visiert. Das entspricht ganz dem vietnamesischen Selbstbild des *Chau
chau da xe* („der Grashüpfer schlägt den Streitwagen"),[172] bei dem der
kleine Schwache über den großen Starken siegt.

Streubomben und Folterinstrumente veranschaulichen zudem die
Gräuel, unter denen das vietnamesische Volk während der Kriege
gegen Frankreich und Amerika zu leiden hatte. Im Außenbereich sind
amerikanische Flugzeuge wie ein F-5 Jagdflieger, *Chinook* Transpor-
thelikopter und die während des Vietnamkriegs als ‚Huey' bekannt
gewordenen *Bell UH-1 Iroquois* Mehrzweckhubschrauber ausgestellt,
die mit patriotischem Stolz als Beute präsentiert werden. Zum direkten Vergleich befinden sich auch eigene Kampfflugzeuge unter den
Exponaten, wie zum Beispiel der sowjetische Abfangjäger MiG-21.
Überreste eines französischen Flugzeuges, das bei der Schlacht von
Dien Bien Phu abgeschossen wurde und diverse Wrackteile amerikanischer Bomber zeugen von der erfolgreichen Luftabwehr der Nordvietnamesen. 2007 wurde für die Luftabwehr und Luftwaffe der NVA
ein eigenes Museum *(Bao tang phong khong - khong quan)* eröffnet.

---

[171] Dieser Unbesiegbarkeits-Nimbus wurde von ‚sozialistischen Bruderstaaten'
wie der DDR gerne auch zu eigenen Zwecken propagiert. Neben Postern des
Solidaritätskomitees wurde der Wahlspruch „Unbesiegbares Vietnam" insbesondere auf Briefmarken der DDR abgedruckt.
[172] Tai, Monumental, S. 284. Auch bekannt als *chau chau da voi* – „der Grashüpfer
schlägt den Elefanten".

Fig. 14: Gestapelte Wrackteile eines B-52 Bombers der US-Armee als Ausstellungsstück des Museums für Militärgeschichte in Hanoi.
Bildquelle: Autor

Fig. 15: Von der USAF erbeuteter Bell UH-1 Iroquois Hubschrauber. Der „Huey" ist
im Museum für Militärgeschichte in Hanoi ausgestellt.
Bildquelle: Autor

Ho-Chi-Minh-Museum

Das größte Museum in Vietnam wurde 1990 anlässlich des 100. Geburtstages von Ho Chi Minh in Hanoi eingeweiht. Obwohl das Dach des Ho-Chi-Minh-Museums[173] *(Bao tang ho chi minh)* extra in Form eines weißen Lotusblattes konstruiert wurde, um traditionelle vietnamesische Elemente zu integrieren, wirkt das von einem sowjetischen Architekten konzipierte Gebäude durch seine massive Bauweise extrem gewaltig.

Wie Hue-Tam Ho Tai in ihren Untersuchungen zur staatlichen Repräsentation Ho Chi Minhs anführt, sind die Museumsfassade mit den über dem Eingangstor in Stein gemeißelten Hammer und Sichel sowie die im Inneren zentral errichtete dreieinhalb Meter hohe Bronzestatue von Ho Chi Minh (Fig. 3) ein Bekenntnis an den internationalen Kommunismus. Die Ausstellung und das restliche Interieur tragen hingegen einen betont patriotischen und nationalen Charakter.[174] Tai begründet diese Ambiguität damit, dass der Komplex bei Baubeginn 1985 noch als Kontribution für die kommunistische Gemeinschaft geplant wurde, die in den darauffolgenden Jahren jedoch in eine Krise geriet. Da die Ausstellung erst nach dem Zusammenbruch der Sowjetunion 1989 eröffnet wurde, lag somit der Schwerpunkt auf einer nationalen Ausrichtung.

> The Ho Chi Minh Museum has been built in accordance with the desire of the Vietnamese people [...] to show their deep gratitude to the President's great merits and to express their determination to study and follow his thought, morality and style,[175]

heißt es in der englischsprachigen Informationsbroschüre des Museums. Neben einem Depot zur Konservierung zahlreicher Artefakte und Materialien beinhaltet das Nationalmuseum eine Bibliothek mit mehr als 15.000 Büchern zum Thema Ho Chi Minh. Einige der Hallen

---

[173]   Webseite des Ho-Chi-Minh-Museums in Hanoi: www.baotanghochiminh.vn [26.05.2011]

[174]   Tai, Monumental, S. 282f.

[175]   Chu Duc Tinh [Hrsg.], Informationsbroschüre des Ho-Chi-Minh-Museums, Hanoi (2010)

dienen als Seminar- und Konferenzräume, die Aula direkt hinter dem Eingangsbereich kann als Versammlungshalle für mehr als 400 Personen genutzt werden.

Der dritte Stock ist in verschiedene Sektionen unterteilt, in denen die Geschichte der vietnamesischen Unabhängigkeit interaktiv und durchaus auf künstlerisch-abstrakte Weise erzählt wird. Jede Sektion greift dabei einen Abschnitt von Ho Chi Minhs Leben auf, wie zum Beispiel „Ho Chi Minh in search for a way for national salvation (1911-1920)".[176] Das Leben von ‚Onkel Ho' dient somit als roter Faden, an dem sich das Narrativ des vietnamesischen Befreiungskampfes entlangzieht. Ho-Chi-Minh-Museen haben sich mittlerweile im ganzen Land etabliert, wie die Ableger in Da Nang, Hue und Ho-Chi-Minh-Stadt verdeutlichen.

Fig. 16: Das Ho-Chi-Minh-Museum in Hanoi.
Bildquelle: Autor

---

[176] Quelle: eigene Fotos.

Vom Museum, das in unmittelbarer Nähe des Mausoleums liegt, gelangt man über einen kurzen Fußweg zu Ho Chi Minhs ehemaligen Wohnhäusern. Besonders das Stelzenhaus, in dem Ho von 1958 bis 1969 zeitweise gelebt hat und das den „simplen Lebensstil, Bescheidenheit, Sanftmut und Hingabe für die Nation und seine Menschen symbolisiert",[177] kontrastiert die umliegenden Monumentalbauten nicht nur architektonisch. Während das Mausoleum den toten Ho Chi Minh beherbergt und als ‚tragende Säule' des Weltkommunismus gilt, beschäftigen sich die Wohnhäuser mit dem Leben und Wirken von Onkel Ho, einem „einfach gestrickten, vorbildlichen Revolutionär".[178] Das Museum stellt somit einen Kompromiss zwischen Nationalismus einerseits und Internationalität andererseits dar. Als bedeutende *lieux de mémoire* für die vietnamesische Identität sind das Mausoleum und das Stelzenhaus Wallfahrtsorte mit sakraler Anziehungskraft für die Bevölkerung.

2.5   ÖFFENTLICHES GEDENKEN

Ehrungen

Das feierliche Gedenken historischer Jubiläen dient als Verbindung zwischen Vergangenheit und Gegenwart. Als elementarer Faktor in der Förderung nationaler Identität spielt das öffentliche Erinnern an bedeutende historische Ereignisse in Vietnam eine gesonderte Rolle.[179] Die Kommunistische Partei feiert und legitimiert sich dadurch selbst. Jährlich ruft sie auf diese Weise ihre Errungenschaften zurück in das kollektive Gedächtnis.

Uong nuoc nho nguon – „Erinnere dich beim Trinken des Wassers an seine Quelle", lautet ein vietnamesisches Sprichwort, das darauf anspielt, den Vorfahren Wertschätzung entgegenzubringen. Um Dankbarkeit zu zeigen und den für die nationale Sache gefallenen

---

[177] Mehrsprachige Informationsbroschüre, Stand: 2009
[178] Tai, Monumental, S. 285
[179] Vgl. Marr, History, S. 18

Soldaten eine Ehrerweisung zu erteilen, hatte Ho Chi Minh 1947 den 27. Juli als Gedenktag für Kriegsversehrte und Märtyrer eingeführt, mit dem das öffentliche Gedenken an die Kriegstoten begann. Jährlich wird der Gedenktag seitdem begangen.[180] In der Regel wird dieser Tag auch zum Anlass genommen, jene Heldenmütter zu ehren, die im Amerikanischen Krieg mindestens drei Söhne verloren haben. Seit 1995 bekommen sie in einem feierlichen Akt von einem Regierungsvertreter eine Medaille überreicht.[181] In der Bevölkerung genießen die Heldenmütter hohes Ansehen. Mit diesem Staatsakt kann deshalb gleichzeitig an den gewonnenen Krieg – der für die Partei als wichtigstes Element ihrer Legitimation dient – erinnert werden, ohne dass es als reine Propagandamaßnahme abgewertet wird.[182] Allein in der Hauptstadt Hanoi gibt es an die 3.000 Heldenmütter, unzählige Kriegsversehrte und Märtyrer.

Auch in Südvietnam gibt es zahlreiche Mütter, die gleich mehrere Söhne im Kampf gegen die Kommunisten verloren haben. Als Verlierer des Krieges findet das jedoch keine Würdigung und wird aus der öffentlichen Erinnerung ferngehalten.[183] Von staatlicher Seite ist die Ministerin für Arbeit, Kriegsversehrte und Soziale Angelegenheiten (*Bo truong bo lao dong, thuong binh va xa hoi*), Nguyen Thi Kim Ngan, zuständig für die Anliegen der Kriegsinvaliden.[184]

Gedenktage

Bedeutende Ereignisse für die vietnamesische Geschichte des Sozialismus, wie die Gründung der Kommunistischen Partei Indochinas am 3. Februar 1930 oder der Geburtstag von Ho Chi Minh am 19. Mai 1890, sind in Vietnam staatliche Gedenktage. Mit Militärparaden, großem

---

[180] Malarney, Fatherland, S. 54
[181] Bradley, Mark Philip, Vietnam At War, New York [u.a.] 2009, S. 184
[182] Tai, Gendered, S. 180
[183] Ebd., S. 181
[184] Helms, Amos, „Der XI. Parteitag der Kommunistischen Partei Vietnams (KPV)". Homepage der Konrad Adenauer Stiftung Hanoi (15.02.2011). URL: www.kas.de/vietnam/de/publications/21910/ [26.06.2011]

Festakt und Feuerwerken werden außerdem Errungenschaften der Revolution gefeiert, durch die sich gleichsam die staatliche Repräsentation des Befreiungskrieges konstituiert.[185] Als gesetzliche Feiertage haben der Unabhängigkeitstag am 2. September 1945 und der Tag der „Befreiung des Südens" *(Ngay giai phong)* am 30. April 1975 Einzug in den vietnamesischen Kalender erhalten.

Speziell die staatlichen Feierlichkeiten jährlich zum 30. April verdeutlichen jedoch eine von Seiten der Regierung ausgeblendete Kontroverse. Im Norden herrscht zwar breiter Konsens, dass der Süden an jenem Tag ‚befreit' wurde, und wird deshalb als V-Day[186] *(Ngay chien thang)* gefeiert. Auf Vorbehalt stößt diese Einschätzung hingegen im Süden. Denn ähnlich wie die Amerikaner dieses Ereignis gemeinhin als ‚Fall von Saigon' bezeichnen, markiert der 30. April für ehemalige ARVN-Soldaten einen Tag der bitteren Niederlage.

Von der vietnamesischen Diaspora, insbesondere von in den USA in Gemeinschaften lebenden Südvietnamesen, wird der 30. April dementsprechend als „Tag nationaler Schande" *(Ngay quoc han)* erinnert.[187] Mark Bradley spricht aufgrund dieser Ambivalenz von einer „Duality of Commemoration".[188] Ein Großteil der im Süden verbliebenen Vietnamesen wurde nach dem Krieg als Verräter stigmatisiert und muss – ausgeschlossen vom offiziellen Staatsgedenken – unter dem Siegergedächtnis des Nordens leben. Politisches Ziel nach einem Bürgerkrieg sollte es Aleida Assmann zufolge jedoch sein, „die Erinnerungspolitik auf einen Ausgleich zu richten":

> Erinnerungspolitik nach Bürgerkriegen hat die Aufgabe, die destruktiv spaltende Energie der Erinnerung aufzulösen, was niemals durch Unterdrückung einer Erinnerung, sondern über ein gegenseitiges Einverständnis erreicht werden kann. Ziel in einer solchen politischen Situation ist ‚Vergangenheitsbewältigung'.[189]

[185]   Vgl. Bradley, Vietnam, S. 183
[186]   V-Day = Victory-Day
[187]   Hue-Tam Ho Tai, „Commemoration and Community". In: Hue-Tam Ho Tai [Hrsg.], The Country of Memory: Remaking the Past in Late Socialist Vietnam, Berkeley [u.a.] 2001, S. 228
[188]   Begriff nach Bradley, Remembering, S. 228
[189]   Zitiert nach Assmann, Schatten, S. 71

Anders als in Südvietnam wahrgenommen, wurde der Krieg von Seiten des Nordens jedoch nie als Bürgerkrieg, sondern als Befreiungskrieg für die nationale Selbstbestimmung Vietnams betrachtet.[190] Obendrein wurden die Bedingungen für eine Wiedervereinigung Vietnams einseitig vom Norden diktiert. Erst wenn Hanoi einen sozialen und politischen Rahmen für eine Anerkennung der divergierenden Kriegserinnerung Südvietnams zulässt und diese nicht mehr ignoriert, sondern in das nationale Selbstbild integriert, können die Ereignisse gemeinsam überwunden werden.[191]

---

[190] In Ho-Chi-Minh-Stadt sind die Einwohner nach wie vor auf eine wertneutrale Formulierung für den Amerikanischen Krieg bedacht. Geläufig im Sprachgebrauch sind z.B. „der Krieg" *(chien tranh)* oder schlichtweg „vor '75" *(trouc bay muoi lam)*. Vgl. dazu: Leshkowich, Ann Marie, „Wandering Ghosts of Late Socialism: Conflict, Metaphor, and Memory on a Southern Vietnamese Marketplace". In: The Journal of Asian Studies Vol. 67, No. 1 (Februar 2008), S. 9

[191] Vgl. Aleida Assmanns Aussagen über die Vergangenheitspolitik in Spanien nach dem Bürgerkrieg: Asssmann, Schatten, S. 70-72

3 PRIVATE UND INDIVIDUELLE ERINNERUNG

3.1 SOLDATEN NACH DEM KRIEG

Some said they had been fighting for thirty years, if you included the Japanese and the French [...]. War had been their whole world. So many lives, so many fates. The end of the fighting was like the deflation of an entire landscape, with fields, mountains and rivers collapsing in on themselves.[192]

Heimkehr

Fast 30 Jahre lang hatte in Vietnam der Krieg getobt, ehe die Nordvietnamesische Volksarmee am 30. April 1975 in den Straßen von Saigon einrückte und mit Panzern den Zaun des Präsidentenpalastes durchbrach: Der Krieg war zu Ende.[193]

Fig. 17: Zaun vor dem Wiedervereinigungspalast, dem ehemaligen Präsidentenpalast in Saigon. Bildquelle: Autor

[192] Zitiert nach: Bao Ninh, The Sorrow of War, London 1993, S. 98
[193] General Nguyen Van Thieu, Präsident der Republik Vietnam, war am 21. April bereits außer Landes geflüchtet.

Am 2. Juli 1976 wurde Vietnam offiziell wiedervereinigt – Saigon trug von nun an den Namen Ho Chi Minhs. Für die NVA-Soldaten bedeutete die Wiedervereinigung nach drei Dekaden des permanenten Krieges vorerst nicht nur das Ende der Kämpfe, sondern auch die lang ersehnte Rückkehr zu ihren Familien.[194]

Aufgrund fehlender Infrastruktur war der Kontakt zu Familienmitgliedern über die Kriegszeit häufig komplett abgerissen. Guerillakämpfer, die im Krieg regelmäßig den Gefechtsstand wechseln mussten, schrieben ihre Erfahrungen deshalb meist in Tagebüchern nieder oder verfassten Gedichte, die sie dann bei ihrer Heimkehr mitbrachten.[195] Da sie teilweise über mehrere Jahre hinweg kein Lebenszeichen hörten, konnten manche Eltern oder Ehefrauen ihre tot geglaubten Söhne und Männer nach dem Krieg umso unerwarteter wieder in Empfang nehmen.

'The war caused a lot of casualties and pain. Just take my family for instance. When I returned to the South in 1975 I found many of my own family members had been killed. The pain of those deaths was greater than the sadness I felt for participating in the killing. I was away from home for twenty-nine years. I gave my family a few days' advance notice that I was coming, but when I entered the house I saw my older sister and mistook her for my mother. [...]. When I returned in 1975, many of my nieces and nephews didn't even know I existed.'[196]

Lam Van Lich (Pilot der NVA)

'My wife and I treated our reunion like a new marriage. For ten years I had no relationship with another woman. When we met again my wife only said to me, 'How thin you are.' Everyone in the street had come out to welcome me and my wife and I could say nothing in front of the crowd.'[197]

Nguyen Thanh Linh (Kommandeur der Guerilla in Cu Chi)

---

[194] Vorerst, da Vietnam noch Ende der 1970er Jahre jeweils militärische Grenzkonflikte mit den chinesischen und kambodschanischen Nachbarn austrug.
[195] Fallaci, Wir, Engel, S. 135
[196] Lam Van Lich zitiert nach: Appy, Patriots, S. 341f.
[197] Nguyen Thanh Linh zitiert nach: Mangold, Tom, Penycate, John, The Tunnels of Cu Chi: A Harrowing Account of America's "Tunnel Rats" in the Underground Battlefields of Vietnam, New York 2005, S. 68

Andere Familien erhielten wiederum erst nach Kriegsende die Bestätigung über den Tod eines Familienmitglieds, der meist schon Jahre zurücklag.[198]

Die wartende Ehefrau

Durch den fortwährenden Krieg in der Geschichte Vietnams ist die wartende Ehefrau *(Hon vong phu)* Teil einer nationalen Legende geworden, die Dichter, Schriftsteller und Regisseure inspiriert hat.

> Ein junges Paar lebte glücklich und zufrieden in einem kleinen Dorf. Gerade als die Frau ein Kind gebar, wurden die jungen Männer Vietnams eingezogen, um das Land gegen eine anrückende Armee zu verteidigen. Zuhause wartete die Frau mit dem Kind auf die Rückkehr des Mannes von der Front. Monate und Jahre vergingen, ohne dass der Mann auftauchte. Jeden Tag stieg die Frau mit ihrem Kind auf die Spitze des nahe liegenden Berges, um nach ihm Ausschau zu halten. Doch der Mann tauchte nie auf. Mit den Jahren wurde die Frau mit dem Kind auf dem Arm durch ihre beständige Treue allmählich zu Stein.[199]

Der Berg *Nui vong phu* („Berg der wartenden Ehefrau"), auf dem die wartende Frau dem Mythos nach stand, ist heute nach ihr benannt und befindet sich im Norden Vietnams in der Provinz Lang Son. Tatsächlich ist dort eine außergewöhnliche Felsformation zu sehen, die an eine Frau mit einem Kind auf dem Rücken erinnert.

In der Literatur, der Musik, der Kunst und in mündlichen Überlieferungen werden diese und andere Legenden weitergegeben. Sie verdeutlichen, wie die Erfahrungen des langen Krieges und seine Entbehrungen in die Moral und das Wertesystem der Nachkriegsgesellschaft integriert wurden.[200] In vielen Fällen gestaltete sich das Wiedersehen jedoch schwierig. Während der durch den Krieg verursachten Trennung waren die Kinder groß geworden und die wartende Mutter oder Ehefrau älter. Durch den anhaltenden Bombenhagel

---

[198] Malarney, Fatherland, S. 59
[199] Vgl. Charlot, John, „Vietnamese Cinema: The Power of the Past". In: The Journal of American Folklore, Vol. 102, No. 406, Vietnam (Oct. - Dec., 1989), S. 450
[200] Charlot, S. 450

mussten manche Familien ihre Heimatdörfer zwangsläufig verlassen. Schätzungsweise einer von zehn NVA-Soldaten starb an der auf dem Ho-Chi-Minh-Pfad grassierenden Malaria. So hinterließ der Krieg seine ‚Narben' in der Landschaft und an den Körpern:

> 'Many of us temporily [sic!] lost our hair from malaria and living in the jungle for so many years made us look terrible. After the war we came home hairless with ghostly white eyes, pale skin, and purple lips. Some girls lost their ability to have children. I developed terrible arthritis. When my old boyfriend came back from the war, I didn't think my health was good enough to have a family so I said good-bye to him.'[201]
>
> *Nguyen Thi Kim Chuy*
> *(Ehrenamtliche Jugendarbeiterin im Dschungel von Truong Son)*

> 'I used to be plump and attractive, with rosy cheeks. But then in the war I lost my beauty. I became so skinny! It was a very hard life. By the time the war was over, I was already too old.'[202]
>
> Lehrerin aus Dinh Bang

Die Feldtagebücher einfacher NLF-Kader verdeutlichen, wie sehr die Kämpfer im Krieg unter Heimweh und der Sehnsucht nach den zurück-gelassenen Familien und Geliebten zu leiden hatten. Erschöpft von den langen Märschen und den schweren Lasten klagt ein „unbekannter Vietkong" über Hitze, Kälte, Magenschmerzen, Blutegel, mangelnde Verpflegung und den ständigen Beschuss durch die Amerikaner.[203] Kraft verliehen ihm einzig der Gedanke an seine schwangere Frau und seine Eltern. In seinem Tagebuch notierte er am 8. Mai 1967:

> Ich bin zu erschöpft. Jetzt marschiere ich schon zehn Tage lang und trage alle Liebe für das, was ich verlassen habe, mit mir herum. Und diese Liebe lastet, lastet . . . Can fehlt mir schrecklich. Ich denke immer nur an sie, zähle nur immer die Tage, die mich schon von ihr trennen.[204]

In der staatlichen Darstellung des Krieges, von der die vietnamesische Erinnerungskultur dominiert wird, finden die Leiden und der per-

---

[201] Nguyen Thi Kim Chuy zitiert nach: Appy, Patriots, S. 106

[202] Lehrerin zitiert nach Jellema, Kate, „Everywhere incense burning: Remembering ancestors in Doi moi Vietnam". In: Journal of Southeast Asian Studies, 38(3), Oktober 2007, S. 470

[203] Fallaci, Wir, Engel, „Tagebuch eines unbekannten Vietkong", S. 136-153

[204] „Unbekannter Vietkong" zitiert nach Fallaci, Wir, Engel, S. 139

sönliche Verlust Überlebender nur unzureichende Berücksichtigung. Stattdessen wird analog zur Ideologie des Sozialismus die Gemeinschaft in ihrer ganzheitlichen Opferrolle hervorgehoben. Viele Vietnamesen, die sich während des Krieges von der staatlich propagierten Aufopferung für eine bessere Zukunft leiten ließen, waren in der Nachkriegszeit desillusioniert. Als ,Befreier' erwarteten die NVA-Soldaten einen Empfang als Helden. Stattdessen wurden die Nordländer im Süden als schwerfällig betrachtet und übervorteilt. Mit den offenen psychischen Wunden erfolgte auf vietnamesischer Seite keine angemessene Auseinandersetzung, weshalb die Vergangenheit – wenn überhaupt – bisher nur in Ansätzen bewältigt werden konnte.

Kriegstrauma

> Losses can be made good, damage can be repaired and wounds will heal in time. But the psychological scars of the war will remain forever.[205]

Das Wort Trauma stammt aus dem griechischen und bedeutet „Wunde". In der etwa hundertjährigen Traumaforschung[206] haben Wissenschaftler die Langzeitfolgen psychischer Wunden untersucht, die auf lebensbedrohende Erfahrungen von Individuen zurückzuführen sind. Als Massenphänomen wurden Traumata erstmals bei Veteranen des Ersten Weltkrieges festgestellt. Unverarbeitete Gewalterlebnisse „außerhalb des Bereichs der gewöhnlichen menschlichen Erfahrung",[207] die ihren Weg erst nach einer gewissen Inkubationszeit in das Bewusstsein der Soldaten gefunden haben, äußerten sich physisch durch Zuckungen oder ,Kriegszittern'. Diagnostiziert wurde den vom Krieg psychisch beeinträchtigten Soldaten sogenanntes Granatfieber *(shell shock)*, ein Syndrom, das bei Frontkämpfern auftrat, die Leid und Tod durch den Einschlag von Granaten erfahren hatten.

---

[205] Zitiert nach: Bao Ninh, The Sorrow of War, London 1993, S. 180
[206] Vgl. Leys, Ruth, Trauma: A Genealogy, Chicago 2000
[207] Zitiert nach: Caruth, Cathy, „Introduction". In: id., Trauma: Explorations in Memory, Baltimore [u.a.] 1996, S. 3

Einzug in das amerikanische Handbuch der Psychiatrie fand der Begriff Trauma erst in den 1980er Jahren, als einem auffallend hohen Anteil rückgekehrter Vietnamveteranen psychische Störungen nachgewiesen wurden.[208] Unter der Bezeichnung *Post Traumatic Stress Disorder* (PTSD) wurde das eng mit dem Krieg in Vietnam verbundene Syndrom weitläufig bekannt. Durch das wiedererwachte Interesse der Wissenschaft am Thema fanden Traumastudien auch außerhalb der Psychoanalyse zunehmende Beachtung und wurden zum Gegenstand interdisziplinärer Untersuchungen.[209]

Besonders in den amerikanischen Medien wurde aufgrund gesellschaftlicher Zwischenfälle mit Veteranen über das Thema PTSD berichtet. Aufgegriffen wurde die Rolle des psychisch kranken Rückkehrers aus dem Vietnamkrieg in zahlreichen Hollywood-Filmen, wie zum Beispiel *Taxi Driver* (1976) oder *Birdy* (1984). Weitgehend missachtet wurden hingegen die posttraumatischen Auswirkungen auf die vietnamesischen Soldaten und die Zivilbevölkerung, die den Krieg unmittelbar miterlebt haben. Anders als für die amerikanischen GIs, für die es in der Regel nach einem Jahr Dienstzeit in Vietnam wieder zurück in „die Welt" ging,[210] dauerte der Krieg für die NVA-Soldaten und Guerillakämpfer solange, bis die letzte Schlacht geschlagen war. Für viele Vietnamesen wurde das ‚Grauen des Krieges' zum Alltag, aus dem es kein Entrinnen gab.

Während es in der Nachkriegszeit allgemein gilt, bestmöglich zu „funktionieren", um Trümmer zu beseitigen und den Wiederaufbau voranzutreiben, treten verdrängte Kriegserlebnisse meist erst im Alter an die Oberfläche: Schlafstörungen, Panikattacken und überfallartige Erinnerungen können Anzeichen solch über lange Zeit unterdrückter Gefühle sein.[211]

---

[208]   Vgl. Assmann, Schatten, S. 93-98
[209]   Vgl. Caruth, S. 4
[210]   GI-Jargon, vgl. dazu z.B.: Westheider, James E., The African American Experience in Vietnam: Brothers in Arms, Lanham 2008, S. 106f.
[211]   Vgl. Kingma, Renate, „Kriegstrauma: Noichmal davongekommen". In: Frankfurter Rundschau (26. Juni 2009). Online abrufbar: www.fr-online.de/wissenschaft/kriegstrauma-nochmal-davongekommen,1472788,3188488.html [06.07.2011]

'In some places the air carried such a horrible stench you knew many people had died. But even death becomes routine and we had to live – so even during air strikes we chitchatted. Now, whenever there's a thunderstorm it brings back the memories of bombing. I'm scared of thunder and lightning a friend has to sit beside me to calm me down.'[212]

Le Minh Khue (Journalistin während des Amerikanischen Krieges)

Ihrer Aussage zufolge hatte die Schriftstellerin Le Minh Khue während des Amerikanischen Krieges direkte Erfahrungen mit dem Tod, der für sie am Ende zur Routine wurde. Ihre Angstzustände, die flashbackartig bei Gewitter auftreten, sind ein typisches Symptom für PTSD.[213] In Vietnam herrscht jedoch ein Mangel an medizinisch geschultem Personal, das Abhilfe durch eine entsprechende Behandlung leisten könnte.

Stetig wiederkehrende Sequenzen von Erlebnissen und Ausschnitte bestimmter Bilder zeugen ebenfalls von unverarbeiteten Kriegserlebnissen. Noch immer werden Veteranen nachts von Albträumen heimgesucht:

'Whenever anyone asks me about the suffering of the war, I have a terrible nightmare that very night in which I relive these experiences. I miss my comrades very much and often see them again in my dreams. But I never felt guilty about the killing I did. It was war. Wouldn't you shoot me if you saw me holding a weapon and pointing it at you? I think it was justified. But if I went to America and killed people there, I would feel very sorry and guilty. Since Americans came to my country, I don't feel guilty'.[214]

Tran Thi Gung (Guerillakämpferin in der Nähe von Cu Chi)

'One day in 1968 our unit was following a group of soldiers moving toward Saigon when a helicopter saw us and pinned us down. It was scarier than the B52 attacks because those bombers flew so high they couldn't see you. [...]. Once, when a helicopter dropped down especially close to the water, I even saw the face of the door gunner. That was the first time I ever saw an American. I'm still haunted by it in my nightmares. Whenever there's a change in weather I have the same nightmare – a helicopter chases me and I have to hide in the water.'

Nguyen Quang Sang (Literatur- und Kunstunterhaltung für Frontsoldaten)

---

[212] Le Minh Khue zitiert nach: Appy, Patriots, S. 510
[213] Vgl Shay, Jonathan, Achilles in Vietnam: Combat Trauma and the Undoing of Character, New York [u.a.] 2003, S. 166f.
[214] Tran Thi Gung zitiert nach: Appy, Patriots, S. 19

Wie Psychoanalytiker und Traumaforscher berichten, können sich Kriegserlebnisse über Generationen hinweg belastend auswirken („transgenerationale Weitergabe") und sollten deshalb unbedingt therapiert werden. Da die psychische Entwicklung der vietnamesischen Kriegsgenerationen allerdings nur unzureichend bis gar nicht erforscht wurde, lässt sich lediglich ein unvollständiges Trauma-Bild für die Überlebenden zeichnen. Gewöhnlich kommt es bei Personen mit einer nicht aufgearbeiteten kriegsbelasteten Vergangenheit zu einem verunsicherten Lebensgefühl, Identitätsproblemen und sozialen Auffälligkeiten. Auch können dadurch schwere psychische Störungen hervorgerufen werden.[215]

3.2   DER TOD IN DER VIETNAMESISCHEN KULTUR

Ahnenkult

Offiziell ist die Sozialistische Republik Vietnam atheistisch. In der Praxis setzt sich der vietnamesische Polytheismus aber aus einer Anreicherung verschiedener Einflüsse aus Ahnenkult, Animismus und Buddhismus sowie den philosophischen Lehren des Daoismus und Konfuzianismus zusammen.

Familientradition und die Ehrung von Verstorbenen spielen eine dominante Rolle in der vietnamesischen Gesellschaft. Gleichzeitig sind sie einer der wirkungsvollsten Überträger geschichtlichen Bewusstseins. Während Geburtstag in der Regel nur im Kindesalter gefeiert wird, kommt dem Todestag – an dem Dankbarkeit und Verpflichtung gegenüber den Vorfahren gezeigt werden – die weitaus größere Bedeutung zu.[216] In fast allen Haushalten gibt es einen Schrein mit Portraitfotos *(Anh to* oder *Di anh)* von verstorbenen Eltern, Groß-

---

[215]   Vgl. Kingma, Renate, Kriegstrauma

[216]   Malarney, Shaun K., „The Limits of 'State Functionalism' and the Reconstruction of Funerary Ritual in Contemporary Northern Vietnam". In: American Ethnologist, Vol. 23, No. 3 (August 1996), S. 543

eltern oder sonstigen Verwandten. Da nahezu jede vietnamesische Familie Angehörige hat, die während des Krieges mit Frankreich oder den Vereinigten Staaten zu Tode kamen, ist der Krieg implizit Teil dieses Totengedächtnisses. Infolgedessen können auch Familienschreine als individuelle Kriegsmahnmale angesehen werden.[217]

Zur gängigen Praxis des Ahnenkultes gehören das Bereitstellen von Opfergaben und das Verbrennen von Papiergeld und Miniaturgegenständen aus Pappe. In speziellen Geschäften können beispielsweise kleine Motorroller aus Papier erworben werden. Durch das Verbrennen der Nachbildungen sollen die Geister der Verstorbenen besänftigt werden, die in der ,anderen Welt' einen ähnlichen Bedarf an materiellen Gütern haben wie die Lebenden.[218] Da die Toten auch als Mittler zwischen den Lebenden fungieren können, war es besonders während des Krieges verbreitet die Geister anzurufen, um mit verschollenen Familienmitgliedern in Kontakt zu treten.[219]

Seit der sozialistischen Revolution, in der die offizielle ideologische Orientierung einem atheistischen Weltbild folgte, hatte sich der Ahnenkult zunehmend von der Öffentlichkeit in den privaten Raum verlagert. Obwohl die Regierung im Norden bei ihrem Machtantritt religiöse Praktiken nicht partout verbot, sollten „alle verfügbaren menschlichen und materiellen Ressourcen" für den Befreiungskampf und den Aufbau des sozialistischen Staates bereitgestellt werden.[220]

Kostspielige religiöse Zeremonien wurden deshalb stark eingeschränkt. In einer Untersuchung zu Ritualen im zeitgenössischen Vietnam zeigt Shaun Malarney auf, wie die Kommunistische Partei versucht hat, Rituale im Sinne ihrer Ideologie zu reformieren. Teil dieser staatsfunktionalistischen Agenda zur Beschwörung der Kollektive waren die Vereinfachung der Bestattungsgewänder, die Aufhebung geschlechterspezifischer Rollen in Zeremonien und die Anpassung statusbedingter Hierarchieebenen.[221] Dadurch sollte zum Beispiel der

---

[217] Appy, Patriots, S. XVII
[218] Jellema, S. 472
[219] Ebd., S. 473
[220] Ebd., S. 486
[221] Malarney, Limits, S. 546

allgemeinen sozialen Ungleichheit und insbesondere der Benachteiligung von Frauen entgegengewirkt werden.

Des Weiteren startete die Partei eine säkulare Kampagne gegen den verbreiteten Geisterkult *(Me tin di doan)*. Zu den staatlichen Eingriffen gehörten Bildungsmaßnahmen gegen Aberglaube, Verbote von bestimmten Praktiken und die Beschlagnahmung spiritueller Gegenstände.[222] Den Vietnamesen sollte dadurch vermittelt werden, dass ihr Schicksal in ihrer eigenen Hand liegt, was speziell für den Kampfgeist im Krieg entscheidend war. Die Kommunikation mit der Totenwelt wurde damit untersagt und in die Hinterhöfe verbannt. Ohnehin waren die Familien und Gemeinden durch den Krieg räumlich voneinander getrennt, weshalb es schwierig wurde, sich für religiöse Feste an einem gemeinsamen Ort zu treffen.[223]

Totenbestattung

Der richtige Umgang mit den vielen toten vietnamesischen Soldaten stellte für die kommunistische Regierung eine der größten Herausforderungen während des Krieges dar. Um der demoralisierenden Wirkung der soldatischen Aufopferung auf die Bevölkerung und einem möglichen Autoritätsverlust entgegenzuwirken, fand deshalb das offizielle Narrativ des Kampfes um nationale Befreiung auch Ausdruck in der Totenbestattung.[224] Als wichtigste Neuerung wurde dazu eigens eine staatliche Gedenkfeier *(Le truy dieu)* eingeführt, der ein lokaler Parteioffizieller vorstand.[225]

Mark Bradley vermag in dieser Intervention in den privaten Erinnerungsraum einen staatlichen Anspruch auf ein „Monopol der Erinnerung an gefallene Soldaten" zu erkennen.[226] Indem der Parteifunktionär die revolutionäre Opferbringung des Verstorbenen vor den

---

222   Malarney, Limits, S. 543
223   Jellema, S. 486
224   Zur Totenbestattung vgl. Malarney, Shaun Kingsley, Culture Ritual and Revolution in Vietnam, London 2002, S. 108-147
225   Malarney, Fatherland, S. 46
226   Frei übersetzt nach: Bradley, Remembering, S. 204

Trauergästen anpries, wurde dem individuellen Verlust eine kollektivistisch-patriotische Würdigung vorausgestellt.[227] In der standardisierten Trauerrede hieß es:

> In our people's glorious revolutionary effort against the Americans to rescue the nation, Comrade [the soldier's full name] has with his comrades-in-arms raised up the spirit of struggle, surpassed all difficulties and hardships to carry out the responsibility of his unit and sacrificed his life on (day, month, year).

Weiter wurden in der Rede kurz die Trauer der Kameraden und der Partei ausgeführt. Die letzten Worte richteten sich direkt an die Hinterbliebenen:

> [The unit hopes] that the family will turn its grief into activity for the revolution, strengthen their hatred for the American enemy and their lackeys […] to realize the sacred words from President Ho's will, 'Resolve to completely defeat the American enemy,' to protect the North, liberate the South, and unite the fatherland.[228]

Nach der Trauerfeier überreichte der Parteioffizielle der Familie des Verstorbenen noch eine Sterbeurkunde, einen Geldbetrag von umgerechnet knapp 150 US-Dollar und ein Zertifikat, das den Soldaten als „Märtyrer für das Vaterland" *(To quoc ghi cong)* auszeichnete.

In der Nachkriegszeit bekamen Personen mit einem Zertifikat eines toten Familienmitglieds erleichterten Zutritt in die Kommunistische Partei, erhielten einen Vorzug für Arbeitsbeschäftigungen und wurden auf Wartelisten für Krankenhaus-, Universitäts- oder Schulplätze privilegiert behandelt.[229]

Rastlose Seelen

Der Tod ist in der vietnamesischen Gesellschaft ein Thema, über das offen gesprochen wird. Von besonderer Bedeutung sind die Umstände des Todes, wobei zwischen einem ‚guten' und einem ‚schlechten Tod'

---

[227] Malarney, Fatherland, S. 55f.
[228] Zitiert nach Ebd., S. 56f.
[229] Ebd., S. 53f., Kwon, Heonik, Ghosts of War in Vietnam, New York [u.a.] 2008, S. 20

unterschieden wird. Ein guter Tod hängt unter anderem davon ab, ob der Mensch alt und glücklich geworden ist und ob er viele Kinder bekommen hat. Wie der Tod eingetreten ist, spielt dabei auch eine wichtige Rolle. Als angenehm gilt ein schneller und schmerzfreier Tod. Wo ein Mensch starb, ist ebenfalls entscheidend, denn nach dem Tod verlässt die Seele den leblosen Körper und siedelt von dieser in die „andere Welt" *(the gioi khac)* über. Dieser Vorgang sollte nach Möglichkeit im vertrauten Zuhause stattfinden.[230] Unter einem schlechten Tod verstehen die Vietnamesen hingegen ein langsames und schmerzhaftes Sterben vor der Zeit. Tod durch Gewalt, fernab der Heimat oder eine verstümmelte Leiche können den Übergang der Seele in die andere Welt ebenfalls erschweren. Dann besteht die Gefahr, dass die Seele zu einem „rastlosen" und „umherirrenden Geist" *(bach linh)* wird, der zwischen den Welten wandelt.[231]

Der Amerikanische Krieg hat massenhaft Formen des schlechten Todes hervorgebracht: Die Soldaten starben meist jung, durch Gewalteinfluss und weit weg von zu Hause im dichtbewachsenen Dschungel. Unter dem Kommando des für seine Brutalität berüchtigten Saigoner Polizeichefs Nguyen Ngoc Loan gehörte es zur gängigen Praxis, gefangenen Viet Cong einen schlechten Tod anzudrohen. Wie aus Interviews der italienischen Journalistin Oriana Fallaci hervorgeht, gaben Loans Polizisten im Verhör zum Beispiel an, dass sie die Guerillakämpfer bei Nacht von einem Lkw überfahren lassen würden. Mit Hilfe dieser Methode konnten sie Geständnisse erpressen, wie die Aussage des NLF-Kaders Nguyen Van Sam belegt:

> ‚Aufs Sterben war ich nämlich gefaßt, es ist das Schicksal eines jeden Vietkong, nicht aber auf ein schlechtes Sterben, nein darauf war ich nicht gefaßt. (…) Und so habe ich's bestätigt und noch mehr gesagt. (…) Weißt du, da gibt es einen Augenblick, wo die Seele genauso weint wie der Körper, und dem Körper nur noch der Stolz bleibt gut zu sterben.'[232]

---

[230]   Malarney, Fatherland, S. 59
[231]   Ebd., S. 60
[232]   Ngyuen Van Sam zitiert nach: Fallaci, Wir, Engel, S. 65

Unter einem guten Tod versteht Sam in diesem Zusammenhang zwar kein gewaltfreies, aber ruhmreiches Ende, das ihm durch eine Erschießung für die Sache des Befreiungskampfes zuteilgeworden wäre. Den eigenen Tod in den Dienst für ein höheres Ziel der Gemeinschaft zu stellen und öffentlichkeitswirksam zu inszenieren, demonstrierten während des Amerikanischen Krieges in besonderem Maße buddhistische Mönche, die sich aus Protest auf offener Straße verbrennen ließen.[233]

Dschungel der verlorenen Seelen

In zeitgenössischen vietnamesischen Romanen, die während des Krieges spielen, werden der schlechte Tod und die zurückbleibenden Geister gefallener Soldaten häufig thematisiert.[234] Schonungslos beschreibt die Schriftstellerin Duong Thu Huong in *Roman ohne Namen* (*Tieu thuyet vo de*, 1995), wie eine ganze Einheit der Nationalen Volksarmee im Dschungel damit beschäftigt ist, Särge für gefallene Soldaten zu zimmern:

> ,Außer unserem Gewehr schleppten wir jeder eine Leiche auf dem Rücken. Es waren unversehrte Körper wie auch Körper, von denen der Kopf oder die Gliedmaßen abgerissen waren, und Körper, aus denen die Innereien heraushingen.'[235]

Auch in Bao Ninhs 1991 veröffentlichtem Roman *The Sorrow of War* (*Noi buon chien tranh*) werden die Ausmaße des gewaltsamen Todes

---

[233] Weltweite Berühmtheit erlangte der Mönch Thich Quang Duc durch seine öffentliche Selbstverbrennung, mit der er gegen die Unterdrückung der Buddhisten durch das repressive Saigoner Regime Ngo Dinh Diems protestierte. Der Augenzeugenbericht des amerikanischen Journalisten David Halberstam und das Foto von Associated-Press-Fotograf Malcolm W. Browne lösten infolge der Verbreitung in den Medien einen weltweiten Sturm der Entrüstung aus. Für einen bewusst gewaltsamen Tod entschieden sich während des Amerikanischen Krieges zahlreiche buddhistische Mönche. Selbstverbrennung als Ausdruck des Protests hat im Buddhismus eine lange Tradition. Vgl. dazu: Browne, Malcolm W., Das neue Gesicht des Krieges, Frauenfeld 1966, S. 238-269

[234] Kwon, Ghosts, S. 2

[235] Zitiert nach Duong Thu Huong, Roman ohne Namen (übers. v. Ursula Lies), Zürich 1997, S. 235

an zahlreichen Stellen thematisiert: „The diamond-shaped grass clearing was piled high with bodies killed by helicopter gunships. Broken bodies, bodies blown apart, bodies vaporised."[236] Bestimmte Dschungelgebiete, in denen während des Amerikanischen Krieges besonders intensiv geführte Schlachten ausgetragen wurden, gelten deshalb als Refugium für rastlose Seelen.[237] In beiden Romanen müssen die Protagonisten von Geistern bewohnte Orte wie die „Schlucht der verlorenen Seelen"[238] oder den „Screaming Souls Jungle"[239] *(Truong goi hon)* durchkämmen.

Von amerikanischer Seite wurden der vietnamesische Geisterglaube und damit verbundene Ängste auch zur psychologischen Kriegsführung ausgenutzt. So wurden in der offiziellen militärischen Operation *Wandering Soul* über Lautsprecher buddhistische Gesänge und Stimmen von Ahnen simuliert, durch die die Guerillaeinheiten ohne Waffengewalt zur Kapitulation gebracht werden sollten.[240]

Herkunft, Nationalität und für welche Seite die Soldaten einst gekämpft haben, spielt im Falle der rastlosen Geister keine Rolle mehr.[241] So soll es schon vorgekommen sein, dass der Geist eines amerikanischen GIs zum wirtschaftlichen Glücksbringer für einen vietnamesischen Unternehmer geworden ist.[242] Opfergaben, die meist durch das Verbrennen von Papiergeld gestiftet werden, sind deshalb an alle rastlosen Seelen gerichtet. Da der Großteil der zwischen den Welten gefangenen Geister Kriegstote sind, werden seit dem Amerikanischen Krieg auch Dollarnoten verbrannt. Dies wird aus Rücksichtsnahme auf die gefallenen Soldaten aus dem Süden und den USA gemacht, da die heutigen Dong-Scheine mit Ho Chi Minhs Konterfei nur den Soldaten aus dem Norden geläufig waren.[243] Der in Vietnam weit verbrei-

---

[236]   Ninh, Sorrow, S. 2f.
[237]   Kwon, Ghosts, S. 10
[238]   Zitiert nach Duong Thu Huong, Roman, S. 5
[239]   Ninh, Sorrow, S. 22
[240]   The Wandering Soul Psyop Tape of Vietnam: www.pcf45.com/sealords/cuadai/wanderingsoul.html [29.06.2011]
[241]   Kwon, Ghosts, S. 26
[242]   Vgl. Ebd., S. 40-43
[243]   Ebd., S. 141

tete Geisterglaube und die damit verbundenen Rituale tragen einen wesentlichen Teil dazu bei, dass die Kriegsvergangenheit gesellschaftlich nicht zur Ruhe kommt.[244]

3.3 PROBLEMFELDER DER AUFARBEITUNG

Die Marginalisierung Südvietnams

In dem von Hanoi aus propagierten Narrativ des ‚heldenhaften Soldaten', der sich für die nationale Befreiung Vietnams geopfert hat, findet sich kein Platz für ehemalige ARVN-Soldaten und frühere Funktionäre Südvietnams, die mit den ‚imperialistischen' Amerikanern kollaboriert haben. Eine Aufnahme in das kollektive Gedächtnis Vietnams wird somit erschwert. In ihrer Untersuchung *Wandering Ghosts of Late Socialism* zur Repräsentation Südvietnams in der vietnamesischen Erinnerungskultur gebraucht Ann Marie Leshkowich deshalb die Metapher der „rastlosen Seelen" *(Wandering Ghosts)* als Beschreibung für die in der offiziellen Erinnerung marginalisierten Südvietnamesen.[245]

> Unable to become part of collective memories and risky to share privately, these memory fragments and their hosts must wander – shadowy, threatening, and homeless – over the social landscape of memory.[246]

Noch während des Krieges errichtete Kriegerdenkmäler und Soldatenfriedhöfe für Südvietnamesen wurden nach 1975 abgerissen oder sind mit der Zeit verwahrlost. Der ursprünglich als Nationalfriedhof angedachte Soldatenfriedhof von Bien Hoa hat seine Bedeutung einer ehrenhaften letzten Ruhestätte längst verloren.[247] Wie am Beispiel des 2010 in der südlichen Provinz Dak Lak errichteten Siegesmonuments von Buon Ma Thuot *(Tuong dai chien thang buon ma thuot)* zu sehen ist, konstruiert der Staat auch im Süden Monumente der Erinnerung

---

[244] Leshkowich, S. 20
[245] Ebd., S. 6
[246] Zitiert nach: Ebd., S. 34
[247] Tatum, S. 648-650

an den Sieg des Nordens, ohne den Süden dabei zu repräsentieren. ARVN-Soldaten sind dadurch verbannt aus der selektiven öffentlichen Erinnerungskultur. Lediglich im privaten Raum wird mit Fotos und Schreinen an die für die ‚Verliererseite' gefallenen Söhne und Ehemänner erinnert.

Nachdem viele Familien im Süden schon während des Amerikanischen Krieges unter einer instabilen politischen Lage und wechselnden repressiven Regime zu leiden hatten, musste sich die Majorität der Einwohner nach der Wiedervereinigung ideologischen Kampagnen unterziehen oder wurde im schlimmsten Falle für mehrere Jahre in politische Umerziehungslager *(cai tao)* gebracht. Außerdem kam es durch Sozialisierungskampagnen in der Nachkriegszeit zu Enteignungen, Umverteilungen von Eigentum und der Etablierung von staatlich geregelten Kooperativen.[248]

Auch wenn südvietnamesische Händler ihren Arbeitsplatz nach dem Krieg nicht verloren hatten, bekamen sie zumindest einen Aufseher vorgesetzt, der aus einer Familie stammte, die sich in der Vergangenheit für den Befreiungskrieg oder die Revolution verdient gemacht hatte. Am Beispiel des größten Warenumschlagsplatzes in Ho-Chi-Minh-Stadt, dem quirligen Ben Thanh Markt *(Cho ben thanh)*, erklärt Leshkowich, wie durch diese neue Regelung der Grundstein für die in Vietnam noch immer sehr weit verbreitete Korruption gelegt wurde – denn das Wachpersonal aus dem Norden war an den Umgang mit größeren Geldsummen schlichtweg nicht gewöhnt.[249] Noch immer ist die gesellschaftliche Beziehung zwischen Nord und Süd von gegenseitigen Vorurteilen und Misstrauen gekennzeichnet. Da die meisten ehemaligen Machthaber Südvietnams 1975 mit den letzten abziehenden Amerikanern aus dem Land geflüchtet sind und viele der führenden ARVN-Offiziere Selbstmord begingen, mangelt es heute an bedeutenden Autoritätspersonen, die stellvertretend für die RVN in einen Dialog mit der Kommunistischen Partei treten könnten.

---

[248]   Leshkowich, S. 21 u. 22
[249]   Ebd., S. 20

Wiederannäherung an die USA

'We care more about peace than hard feelings, but forgiveness doesn't mean we should forget the past. The party says we should leave the past behind us, look to the future, and build friendly relations with the Americans.'[250]

Huynh Phuong Dong (Arbeitete während des Krieges als Krankenschwester)

Die Suche nach vermissten Soldaten (MIA), sterblichen Überresten von Kriegstoten und die nicht abreißende Diskussion um amerikanische Kriegsgefangene (POW) sind immer noch Hauptstreitpunkte zwischen den USA und Vietnam.[251] Noch immer gelten rund 1.500 amerikanische und fast 300.000 nordvietnamesische Soldaten als vermisst. Erst Mitte der 1990er Jahre wurden entscheidende Maßnahmen getroffen, die zu einer allmählichen Wiederaufnahme außenpolitischer Beziehungen zwischen den beiden Nationen beigetragen haben. Nachdem US-Präsident Bill Clinton das Handelsembargo *(Trading With The Enemy Act)* für Vietnam im Februar 1994 aufgehoben hatte und anschließend erste Fortschritte in der gemeinsamen Suche nach MIA und POW erzielt werden konnten, wurden die Beziehungen zwischen den USA und Vietnam im Juli 1995 offiziell als „normalisiert" eingestuft.[252]

Erster US-Botschafter in Hanoi wurde 1997 Douglas B. Peterson, der während des Amerikanischen Krieges sechs Jahre in Gefangenschaft der NVA gehalten wurde. In einem Interview kurz nach seinem Amtsantritt erklärte Peterson, dass er „den Vietnamesen gegenüber keinerlei schlechte Gefühle" mehr hege und dass seine Kriegsgefangenschaft für ihn „Signalcharakter" hatte, um „etwas Konstruktives zu tun, etwas, das sich lohnt; die Vergangenheit nicht zu beklagen, sondern sie zu nutzen".[253] Damit wollte er ein positives Beispiel für die Aussöhnung zwischen den USA und Vietnam geben. Eine Aussöh-

---

[250] Huynh Phuong Dong zitiert nach: Appy, Patriots, S. 331
[251] Stern, Lewis M., Defense Relations Between the United States and Vietnam: The Process of Normalization, 1977-2003, London [u.a.] 2005, S. 7
[252] Ebd., S. 36 u. S. 66
[253] Douglas Peterson zitiert nach: Hörst, Kyle R., „Brücke über einen Fluss des Schicksals: Der Erste amerikanische Botschafter in Hanoi. „Pete" Peterson im Gespräch mit R. Kyle Hörst". In: du - Zeitschrift für Kultur, Vietnam: Dossier Erinnerung, Heft Nr. 7/8. (Juli/August 1997), S. 34

nung wird jedoch dadurch erschwert, dass Washington von offizieller Seite nie ein Eingeständnis gemacht hat, historisches Unrecht in Form von Kriegsverbrechen und Gräueltaten in Vietnam verübt zu haben. Es ist deshalb nie zu Reparationszahlungen oder etwa internationalen Gerichtsverfahren gekommen.[254]

Zu den primären Beweggründen für die Wiederaufnahme bilateraler Beziehungen gehören auf beiden Seiten wirtschaftliche Interessen.[255] Doch selbst auf militärischer Ebene nähern sich Vietnam und die USA an. Neben den Philippinen nimmt der einstige Kriegsgegner mittlerweile eine zentrale Rolle innerhalb der neuen amerikanischen Pazifikstrategie ein, die eng mit dem rasanten Aufstieg der Supermacht China verknüpft ist. Washington will seine Präsenz im Südchinesischen Meer verstärken, das aufgrund seiner Ölvorkommen und strategischen Bedeutung auf verschiedenen Seiten Begehrlichkeiten geweckt hat. Durch die zunehmende chinesische Dominanz im angrenzenden Gewässer könnte Vietnam in Zukunft in ein militärisches Zweckbündnis mit den USA geführt werden. Seite an Seite mit dem früheren Feind wurden sogar schon erste Marinemanöver durchgeführt.[256]

Gerade einmal zwölf Jahre ist es her, dass Bill Clinton als erster amtierender US-Präsident Vietnam nach dem Krieg einen historischen Staatsbesuch abstattete.[257] Neben dem Engagement vereinzelter amerikanischer Politiker wie John McCain oder John Kerry, die durch ihren Einsatz während des Krieges selbst einen persönlichen Bezug zu Vietnam haben, sind es besonders private Initiativen von Veteranen oder Nichtregierungsorganisationen (NGOs), die sich für gemein-

---

[254]   Anderson, David L, [Hrsg.] The War that never ends: new perspectives on the Vietnam War, Lexington 2007, S. 6

[255]   Vgl. Daley, Matthew P., „Trade and Human Rights: The future of US-Vietnamese Realations". In: East Asia and Pacific Affairs before the SFRC Subcommittee on East Asian and Pacific Affairs, 12. Februar 2004, S. 1-4

[256]   Matern, Tobias, „Gerangel um den ‚Zweiten Golf von Persien'". In: *Süddeutsche Zeitung* (13.07.2012) u. Nienhuysen, Frank, „Zeichen setzen am Pazifik". In: *Süddeutsche Zeitung* (06.06.2012)

[257]   „Clintons historischer Besuch in Vietnam". In: *Spiegel Online* (17.11.2000). URL: www.spiegel.de/politik/ausland/a-103387.html [29.06.2011]

schaftliche Projekte zur Aussöhnung zwischen den USA und Vietnam einsetzen. Als Vorzeigeprojekt gilt das Engagement der NGO *Peace-Trees* mit Sitz in Dong Ha, die 1995 ihre Arbeit aufgenommen hat.[258] In der immer noch stark verminten Provinz Quang Tri setzten sich Freiwillige der Organisation für die Minenräumung und Beseitigung von Blindgängern (*Unexploded Ordnance* UXO) ein. Aufklärungskampagnen fördern zudem die Hilfe zur Selbsthilfe. Gemeinsam mit der lokalen Bevölkerung pflanzt *PeaceTrees* auf den entminten Flächen Bäume an, die ein Zeichen für Frieden und Neuanfang sein sollen. In vereinzelten Projekten wurden auch schon amerikanische und vietnamesische Veteranen zusammengeführt, um mit vereinten Kräften Landstriche von Minen und UXO zu säubern.[259]

Aufgrund der vorbelasteten Beziehungen zwischen den USA und Vietnam konnte sich das Engagement humanitärer Hilfsorganisationen aus Amerika erst Mitte der 1990er Jahre etablieren. In Quang Tri sind deshalb vorwiegend NGOs aus Europa im Einsatz, wie zum Beispiel der deutsche Solidaritätsdienst International (SODI).[260] Dass die Wiederannäherung zwischen den USA und Vietnam einen der essentiellen politischen Wendepunkte in den 1990er Jahren markiert hat, die zu einem Wandlungsprozess in der vietnamesischen Erinnerungskultur beigetragen haben, soll im nächsten Kapitel verdeutlicht werden.

---

[258] Webseite von *PeaceTrees:* www.peacetreesvietnam.org [29.06.2011]
[259] Schwenkel, S. 40
[260] Webseite von SODI: www.sodi.de [29.06.2011]

4 TRANSFORMATION IN DER ERINNERUNGSKULTUR NACH DOI MOI

4.1 WIRTSCHAFTSREFORM: DOI MOI

Als Michail Gorbatschow 1986 mit Perestroika und Glasnost die Umgestaltung des sozialistischen Systems und das damit verbundene Ende der Sowjetunion einläutete, wurden zeitgleich von Hanoi aus mit dem vietnamesischen Äquivalent *Doi moi* („Erneuerung") die Grundvoraussetzungen für eine Neustrukturierung der Wirtschaft in Vietnam gelegt. Die vorangegangene Nachkriegsepoche (1975-1986) war bis dato von einer eklatanten Wirtschaftskrise gekennzeichnet, in der die Bevölkerung unter besonders harten Bedingungen kommunistischer Reglementierung ums Überleben kämpfen musste. Lebensmittelengpässe und Armut waren in dieser sogenannten Subventionsperiode *(Thoi bao cap)* an der Tagesordnung.[261] Dazu sorgte ein bewaffneter Grenzkonflikt Ende der 1970er Jahre mit China im Norden und Kambodscha im Westen für internationale Isolation. Als rettende Maßnahme wurde Doi moi auf dem VI. Parteitag der Kommunistischen Partei Vietnams im Dezember 1986 beschlossen und auf den Weg gebracht. Der Tod des langjährigen Generalsekretärs der Partei, Le Duan, hatte im gleichen Jahr die Tür für eine neue reformorientierte Generation unter seinem Nachfolger Nguyen Van Linh geöffnet.

Die größte Errungenschaft des Reformprogramms beinhaltete die Abkehr von der Planwirtschaft, hin zu einer sozialistisch orientierten Marktwirtschaft. Anders als in der Sowjetunion entschied sich die Partei jedoch, vorerst keine Lockerungen an ihrer innenpolitisch festgefahrenen Monopolstellung zu unternehmen.[262] Als Vorbild diente

---

[261] Vgl. MacLean, Rehabilitation, S. 282
[262] Elliott, David W.P., „Official History, Revisionist History, and Wild History". In: Bradley, Mark and Young, Marilyn B. [Hrsg], Making Sense of the Vietnam Wars: Local, National, and Transnational Perspectives, New York [u.a.] 2008, S. 298

vielmehr das chinesische Modernisierungsmodell der 1980er Jahre von Deng Xiaoping, das den ökonomischen Pragmatismus mit dem Führungsanspruch der Partei zu verbinden verstand. Von Pluralismus, wie er von vereinzelten Gruppen gefordert wurde, ist die vietnamesische Politik nach wie vor meilenweit entfernt. Die KP hat weiterhin einen Allmachtsanspruch – auch in Zukunft ist ein demokratisches Mehrparteiensystem nach westlicher Vorstellung für die traditionell auf den Grundfesten des Egalitarismus und Paternalismus begründete politische Kultur Vietnams kaum zu erwarten.[263]

Notgedrungen wurde die Wirtschaft hingegen für private Eigeninitiativen geöffnet. Bisher hat Doi moi die Gründung von mehr als 200.000 Privatunternehmen hervorgebracht. Außerordentliche Entwicklungen sind zudem durch ansteigende Exporte zu verzeichnen: Vietnam ist größter Pfefferexporteur, für Reis und Kaffee liegt es auf dem zweiten Platz.[264] Als Produktionsstandort für ausländische Investoren wird das Küstenland mit seiner wirtschaftlichen „Mischung aus Karl Marx und Adam Smith" immer attraktiver, besonders seit Vietnam 2007 in die Welthandelsorganisation (WTO) aufgenommen wurde. Mit einem wirtschaftlichen Wachstum von 5,3 % (2009) und für die kommenden Jahre prognostizierten Werten von 8 % gehört Vietnam zu den wachstumsstärksten Ländern Südostasiens.[265]

Auch wenn die wirtschaftlichen Reformprozesse noch keine politische Eigendynamik entfalten konnten, so erhält das sozialistische Vietnam durch die sukzessive Loslösung aus der wirtschaftlichen Isolation und den intensiven Austausch mit dem Ausland stetig neue Impulse und Einflüsse, die das undemokratische Einparteiensystem langfristig betrachtet ins Wanken bringen könnten. Ein rapide ansteigendes soziales Gefälle zwischen den pulsierenden Metropolen Hanoi und Ho-Chi-Minh-Stadt auf der einen und ländlichen Gebieten auf

---

[263] Gainsborough, Martin, „Elites vs. Reform in Laos, Cambodia, and Vietnam". In: Journal of Democracy Volume 23, No. 2 (April 2012), S. 37-38

[264] Ranzau, Tessa, „Volksrepublik im Höhenflug". In: Focus Money Online (08.05.2010), URL: www.focus.de/finanzen/boerse/aktien/tid-18153/asien-junge-und-gut-gebildete-bevoelkerung_aid_505422.html [29.06.2011]

[265] Ebd.

der anderen Seite wirken sich neben der Korruption und den stark eingeschränkten Freiheitsrechten bereits zunehmend problematisch auf die Stimmung in der Gesellschaft aus.[266]

Gesellschaftliche Veränderungen nach Doi moi

In den vietnamesischen Metropolen wird viel gebaut seit der Marktreform. Das Stadtbild des altehrwürdigen Hanoi – 2010 feierte die Hauptstadt ihr 1.000-jähriges Bestehen – verändert sich rasant. Myriaden von Fahrrädern und Cyclos bevölkerten früher die Straßen der „Stadt des aufsteigenden Drachen" *(Thang Long)* – jetzt kann sich bald schon die Hälfte der geschätzten sechs Millionen Einwohner einen eigenen Motorroller leisten.

„The thought went through my mind that I survived the war, but I'm going to be killed thirty years later in Hanoi traffic", kommentierte ein amerikanischer Kriegsveteran das Chaos auf den Straßen, als er viele Jahre nach dem Krieg nach Vietnam zurückgekehrt war.[267] Doch nicht nur auf den Straßen herrscht Unordnung. Doi moi sorgt für soziale Spannungen und moralische Diskurse.

Ungefähr zwei Drittel der vietnamesischen Bevölkerung sind nach dem Amerikanischen Krieg geboren – das Durchschnittsalter der Gesellschaft liegt bei niedrigen 27,8 Jahren (2011).[268] Auch wenn die sozialistische Regierung – ähnlich wie in China – restriktive Maßnahmen unternimmt, um das Internet zu kontrollieren, und soziale Netzwerke wie *Facebook* und *Twitter* für die Bevölkerung sperrt, ist die Stadtjugend längst im digitalen Zeitalter der Globalisierung angekommen. Im Gegensatz zu ihren Eltern können sie bereits die Vorzüge einer liberaleren Atmosphäre auskosten, die sich durch erste Lockerungen in der Presse- und Reisefreiheit offenbart. Die Erinnerung an den Befreiungskrieg spielt für diese junge Generation nur noch eine untergeord-

[266] Vgl. Fforde, Adam, „„Economics, History, and the Origins of Vietnam's Post-War Economic Success". In: Asian Survey, Vol. 49, No.3 (Mai/Juni 2009), S. 487

[267] Jim Soular zitiert nach: Appy, Patriots, S. 156

[268] CIA World Factbook „Vietnam": www.cia.gov/library/publications/the-world-factbook/geos/vm.html [02.07.2011]

nete Rolle.[269] Sie wollen „die Zukunft konsumieren", ihr Blick ist dabei in eine verheißungsvolle ökonomische Zukunft gerichtet und nicht in die von Entbehrungen geprägte Vergangenheit. *Song voi* („lebe jetzt") lautet das carpe-diem-Motto der vietnamesischen Jugend.[270] Amerikaner betrachten sie mittlerweile als Freunde.[271] Kein Wunder: Die Vorbilder des in die Städte einkehrenden Hedonismus liegen im Westen und heißen Bill Gates und Steve Jobs. Als sichtbaren Beleg ihres wirtschaftlichen Erfolgs stellen die neuen Reichen Luxusgüter wie Smartphones und Fahrzeuge offen zur Schau. Bürde der vietnamesischen Jugend ist es dabei allerdings, dass ihr Frieden und Wohlstand auf dem Fundament aus „Blut und Tränen ihrer Eltern" errichtet worden ist.[272] Die ältere Generation, die den Krieg noch selbst miterlebt hat und in der verheerenden Subventionsperiode ums Überleben kämpfen musste, lastet der neuen Gesellschaft deshalb oftmals den materialistischen Lebensstil und den Verfall traditioneller Werte an.

Kinder von Bauernfamilien, die in der Stadt ihr Glück gesucht haben, bringen oft Kapital mit bei ihrer Rückkehr in die Dörfer. Seit den 1990er Jahren entstehen deshalb auch auf dem Land viele neue Bauwerke. Vermehrt werden bei den Bauarbeiten Skelette toter Soldaten ausgegraben, wodurch auch die Kriegsvergangenheit wieder zum Vorschein kommt. Wenn die Knochenreste als die von Kämpfern der Revolution identifiziert werden können, werden sie auf die Heldenfriedhöfe überführt und erneut bestattet.[273] Obwohl freies Land in

---

[269] MacLean, S. 296

[270] Vgl. Erlanger, Steven, „Saigon in Transition and in a Hurry". In: New York Times Travel Magazine (17.05.1992). Online abrufbar: www.nytimes.com/1992/05/17/magazine/saigon-in-transition-and-in-a-hurry.html [08.07.2011]

[271] Luu Doan Huynh, „An Enemy No More". In: Newsweek Vol.154, Issue 4 (27.07.2009)

[272] Zitiert nach: Jellema, S. 477

[273] Die Identifizierung sterblicher Überreste von Vermissten aus dem Amerikanischen Krieg ist in Vietnam ein wichtiges Thema. Erst im Januar 2012 forderte Hanoi technische Unterstützung von argentinischen Spezialisten der Forensischen Anthropologie (*Equipo Argentino de Antropología Forense*, EAAF) an, um bei der Analyse von ausgegrabenen Knochen zu helfen und entsprechendes Know-how zu vermitteln. Siehe: Burghardt, Peter, „Das Mosaik des Terrors". In: Süddeutsche Zeitung (28.06.2012), Webseite von EAAF: www.eaaf.org [29.06.2012]

Vietnam sehr begehrt ist, verzichten Bauern darauf Felder zu bestellen, auf denen Soldaten gefallen sind, denn sie wollen die rastlosen Geister nicht stören.[274]

Mit dem steigenden Wohlstand, den Doi moi beschert hat, erleben auch religiöse Rituale eine selektive Wiederbelebung – in Zeiten der Marktreform wird spirituelle Führung wieder stärker gesucht.[275] Sakrale Statuen, die mit den anfliegenden B52-Bombern der *US Air Force* hastig in den Tempeln abgebaut wurden, um Zerstörungen vorzubeugen, kehren langsam an ihre alten Plätze zurück. Teilweise werden sie sogar von noch eindrucksvolleren ersetzt.[276] Erfolgreiche Geschäftsleute aus den Städten finanzieren im heutigen Vietnam mit zumeist privaten Mitteln die Renovierung von Tempeln, Pagoden und Gemeindehäusern in ihren ländlichen Heimatdörfern. Indirekt tragen sie damit auch zu einer Wiederbelebung von Streitigkeiten zwischen rivalisierenden Familienclans bei. Während alte Traditionsfamilien mit der religiösen Revitalisierung wieder an Einfluss gewinnen, wird damit gleichzeitig die lokale Autorität der Familien infrage gestellt, die sich als KP-Mitglieder in der hiesigen Verwaltung verdient gemacht hatten.[277]

---

[274] Vgl. Kwon, Ghosts, S.15, S. 32-33 u. S. 36
[275] Malarney, Funery, S. 552
[276] Kendall, Laurel, Vu Thi Thanh Tam und Nguyen The Thu Huong, „Three Godess in and out of Their Shrine". In: Asian Ethnology Vol. 67, No. 2, Popular Religion and the Sacred Life of Material Goods in Contemporary Vietnam (2008), S. 229 u. S. 231
[277] Der Direktor des Ethnologischen Museums, Nguyen Van Huy, erklärt dieses Phänomen anhand des Konflikts im Dorf Hoa, nahe Hanoi. Vgl.: Nguyen Van Huy und Pham Lan Huong, „The One-Eyed God at the Vietnam Museum of Ethnology: The Story of a Village Conflict". In: Asian Ethnology Vol. 67, No. 2, Popular Religion and the Sacred Life of Material Goods in Contemporary Vietnam (2008), S. 201-218

4.2   KULTURELLER WANDEL

4.2.1   Literarische Renaissance

Als Mitglieder der intellektuellen Hundert-Blumen-Bewegung 1956 als Reaktion auf die verheerende Landreform der Kommunisten die parteikritischen Zeitschriften *Giai Pham* („Schöne Werke") und *Nhan Van* („Humanismus") publizierten, verdeutlichte sich, mit welchem Nachdruck die staatliche Kontrolle der Kultur in Vietnam ausgeübt wurde: Die Beteiligten wurden in Arrest gestellt und gesellschaftlich ausgegrenzt. Wie Heinz Schütte in seinem Beitrag „gegen das von der vietnamesischen kommunistischen Partei verordnete kollektive Vergessen"[278] zu der noch heute in Vietnam tabuisierten Bewegung darlegt, hatten sich die Künstler und Schriftsteller seit dem Widerstandskrieg in den Dienst der Revolution zu stellen.[279] Im Sinne des sozialistischen Realismus waren Kunst, Dichtung und Belletristik ein bedeutendes Transmissionsinstrument des staatlich konstruierten Geschichtsbildes. Durch ihr staatliches Monopol auf Kultur hat die Partei eine künstlerisch-kritische und pluralistische Aufarbeitung des Krieges in Vietnam systematisch ausgebremst. Darstellungen der Kriegsgeschichte abseits des offiziellen Narrativs der Partei gab es erst wieder seit Doi moi Anfang der 1990er Jahre.[280]

Schriftsteller wie Duong Thu Huong, Bao Ninh, Pham Thi Hoai, Le Minh Khue, Nguyen Huy Thiep oder Nguyen Khac Truong haben eine neue Generation von Autoren hervorgebracht, die sich des Genres der fiktionalen Literatur bedient, um kritische Anliegen und der Infragestellung der staatlichen Erinnerungspolitik Ausdruck zu verleihen.[281] Sie werden häufig als Vertreter einer ‚literarischen Renaissance' in Vietnam bezeichnet. In ihren Werken, die teilweise gnadenlose Abrechnungen mit der Kommunistischen Politik sind, liegt der Fokus erstmals auf der langen Leidenszeit der Bevölkerung. Offiziellen Erinnerungsbil-

---

[278]   Zitiert nach: Schütte, Heinz, Fünfzig Jahre danach: Hundert Blumen in Vietnam 1954-1960, Berlin 2010, S. 9
[279]   Ebd., S. 29
[280]   Ebd., S. 103
[281]   Kwon, Heonik, S. 2, Bradley S. 189

dern setzt dieser Kreis kritischer Autoren die immensen Kriegsopfer entgegen. Während der Bruderkrieg als Thema im Süden zum Beispiel in Gedichten schon länger eine essentielle Bedeutung hatte, wird das Aufeinandertreffen von Brüdern als Feinde auf dem Schlachtfeld im Norden erst von dieser Generation von Autoren aufgegriffen.[282]

Nach Jahren, in denen die staatlich geregelten Veröffentlichungen einzig Propagandawerke hervorgebracht haben, vollzieht sich seit Doi moi ein kultureller Paradigmenwechsel, der wegführt von der kollektivistischen Grundausrichtung des Sozialismus, entgegen einer Erkundschaftung des inneren, psychologischen und emotionalen Lebens des Individuums. Anstelle der kollektiven Erfahrung tritt das Einzelschicksal. Personen in Filmen und Texten sind nicht mehr in uniformer Massenästhetik des Sozialismus abgebildet, sondern zeichnen sich durch einen multidimensionalen Charakter aus.[283]

Duong Thu Huong

Als eine der schärfsten Kritikerinnen der kommunistischen Regierung positioniert sich noch immer die im französischen Exil lebende Schriftstellerin Duong Thu Huong. In einem Interview mit der *New York Times* 2005 verurteilte sie die von der Partei konstruierte Geschichtspolitik:

> ‚All its propaganda is designed to feed the myth of the war, to flatter and threaten the people. It tells them: 'You are a heroic people. You should be proud of your history. But never forget that it was the party that led the people to victory.' It deceives the people with blind pride.'[284]

Duong Thu Huong wurde 1947 in Vietnam geboren und kämpfte während des Amerikanischen Krieges als Freiwillige an der Spitze einer kommunistischen Jugendbrigade. Aus ihrer Einheit war sie eine von

---

[282] Tai, Faces, S. 181

[283] Werner, Jayne S., „Between Memory and Desire: Gender and the remembrance of war in doi moi Vietnam". In: Gender, Place and Culture (Juni 2006), Vol. 13, No. 3, S. 307

[284] Riding, Alan, „A discourse shaped by the Vietnam War". In: *The New York Times* (15.07.2005)

lediglich drei, die den Krieg überlebten. Ihre ersten beiden Romane *Hanh trinh ngay tho au* (1985) und *Ben kia bo ao vo.ng* (1987) machten sie zu einer der beliebtesten Autorinnen Vietnams. 1988 veröffentlichte sie mit *Paradise of the Blind (Nhung thien duong mu)* den ersten vietnamesischen Roman in englischer Sprache. Er erschien in den USA. Darin thematisiert sie unter anderem die gescheiterte Landreform und setzt sich auf zynisch-satirische Weise mit der kommunistischen Rhetorik auseinander.[285] Aufgrund ihrer offen artikulierten Forderungen nach demokratischen Reformen wurde sie Ende der 1980er Jahre aus der Kommunistischen Partei ausgeschlossen und 1991 ohne Gerichtsverhandlung inhaftiert.

An vielen Stellen ihrer Romane spiegelt sich Huongs ideologische Ernüchterung[286] gegenüber dem Kommunismus und die Enttäuschung über den korrupten Machtappart, der den Menschen in Vietnam mit seiner Darstellung des ‚heldenhaften Kampfes‘ lediglich eine einseitige Perspektive auf die Vergangenheit eröffnet, wider. Ihre Protagonisten sind kriegsmüde und der omnipräsenten Propaganda der Kommunisten überdrüssig. Mit zumeist sarkastischem Unterton lassen sich ihre Charaktere innerhalb der Handlung in Dialogen über die Regierung und deren ideologisch manipulierte Gesellschaft aus, wie beispielsweise der alte Herr Bang in *Roman ohne Namen* (1991):

> ‚Heute lernt fast niemand mehr auch nur die allgemeinen Grundsätze der Moral. Alle lernen die Moral des Marxismus-Leninismus. Wenn die einem die Gärten oder das Land wegnehmen, dann steht das in den Büchern von Marx. Wenn sie sich Frauen nehmen und mit ihnen schlafen, geschieht das alles zum Nutzen des Klassenkampfes.‘ Frau Nhan zog ihren Mann am Hemd. ‚Es ist gut jetzt. Hör auf mit deinen Geschichten. Sie sind es, die die Macht haben. Man kann nichts dagegen tun.‘[287]

---

[285] Vgl. dazu auch den Essay „Zwiesprache Vietnamesisch“ von Pham Thi Hoai. In: du - Zeitschrift für Kultur, Vietnam: Dossier Erinnerung, Heft Nr.7/8. (Juli/August 1997), S. 103-105

[286] Vgl. dazu auch die Kurzgeschichte „Der General im Ruhestand“ von Nguyen Huy Thiep. In: du – Zeitschrift für Kultur, Vietnam: Dossier Erinnerung, Heft Nr.7/8. (Juli/August 1997), S. 36-41

[287] Zitiert nach: Huong, Roman, S. 143

Duong Thu Huongs Romane sind auch eine Anklage gegen den Verlust der Menschlichkeit innerhalb der sozialistischen Gesellschaft:

> ,Wie viele Opfer hat es gekostet, ehe die Fahne der Unabhängigkeit wehen konnte?! Und als die Kolonialisten mit weißer Haut vertrieben waren, ist da nicht gleich eine neue Clique herangewachsen, die hinterhältigen Wichtigtuer mit gelber Haut!?' [..]. ,Aber das bleibt alles unter uns, nicht wahr, Quan? Das braucht niemand zu wissen. Es ist eine schlimme Zeit jetzt. Verwandte und Freunde beschnüffeln sich untereinander, belauern sich schlimmer als Schakale. In der heutigen Zeit hat sich das Gesicht auf die äußerste Form reduziert, es hat keine Ähnlichkeit mehr mit dem Gesicht des Menschen.'[288]

Huong ist Trägerin des Prix Femina und des UNESCO-Literaturpreises – in Vietnam hingegen stehen mittlerweile alle ihre Romane auf dem Index. Aufgrund ihres Publikationsverbotes in ihrem Heimatland erscheinen ihre Werke nur noch im Ausland.

Bao Ninh

Als Bao Ninh 1991 seinen Roman *The Sorrow of War* in Vietnam veröffentlichte, markierte das eine einschneidende Zäsur in der staatlich geregelten Kulturpolitik der Kommunistischen Partei. Erstmals nach dem Krieg wurde damit ein Buch zur Publikation freigegeben, das die Ereignisse des Amerikanischen Krieges schonungslos, unverblümt und aus individueller Perspektive darstellte. Vorsichtig formuliert, erlebte der staatlich monopolisierte Blick auf die Vergangenheit damit ein revisionistisches ,Gegen-Narrativ'.[289]

Ob die Partei mit der Freigabe eines derartigen Romans ein indirektes Zeichen für ein neues Klima der Entspannung im kulturellen Sektor setzen wollte oder das Werk eigentlich gar nicht durch die Zensur hätte gehen sollen, ist ungewiss.[290] Von dem bedeutendsten

---

[288] Zitiert nach: Huong, Roman, S. 148
[289] Bradley, Vietnam, S. 183
[290] Ähnlich verhält es sich mit Nguyen Khac Truongs 1990 veröffentlichtem Roman *Manh dat lam nguoi nhieu ma* (1996 unter dem Titel *Des fantômes et des hommes* auch auf französisch veröffentlicht), der eine gnadenlose Abrechnung mit dem Vorgehen der Kommunisten auf dem Lande ist und auf wundersame Weise durch die Zensur ging.

Literatenverband in Vietnam, der *Vietnam Writers' Association*, wurde das Buch unter die besten drei Romane des Jahres gewählt. Binnen kürzester Zeit war es in Hanoi vergriffen.[291]

> 'It was the first truthful book about the war [...]. Most of the novels about the Vietnam War praised the heroism of the soldiers, and they never delved into the innermost feelings of those who took part in the fighting. They did not look at the human side of the fighters.'[292]
>
> Duong Tuong (Bekannter Dichter und Übersetzer aus Hanoi)

Anders als in den herkömmlichen vietnamesischen Kriegsromanen, die von Heldenpathos durchzogen sind, erfährt Bao Ninhs Protagonist Kien vor allem Leid und Verlust während des Amerikanischen Krieges. Am Ende der Handlung hat der Antiheld nicht nur seine Jugendliebe und seinen Vater verloren, sondern ist auch desillusioniert, was seinen anfänglichen Idealismus für das große Ziel der nationalen Befreiung anbelangt. „Vietnamese Begin to Question If War Was Worth Sacrifices" titelte die *Washington Post* 1991 zur Buchveröffentlichung und deutete damit auf eine mögliche Zeitenwende in der vietnamesischen Öffentlichkeit hin.[293] *The Independent* und das britische Magazin *New Statesman and Society* verglichen *The Sorrow of War* direkt mit Erich Maria Remarques Antikriegsroman *Im Westen nichts Neues*.

Bao Ninh wurde 1952 in Hanoi geboren. Während des Amerikanischen Krieges diente er in der 27. Jugendbrigade. Von den 500 Soldaten, die 1969 mit der Brigade in den Krieg zogen, überlebte Ninh als einer von insgesamt nur zehn. Bereits kurz nach der Publikation von *The Sorrow of War*, die besonders durch die englische Übersetzung 1993 für weltweite Aufmerksamkeit sorgte, wurde Bao Ninh in Vietnam von offizieller Seite für die Herausgabe einer Kurzgeschichte gerügt. Ein Nachfolgeroman des Autors ist seitdem nie erschienen. Als Neuauflage wurde *The Sorrow of War* in Vietnam später auch unter dem weniger

---

[291]   Ignatius, Vietnamese
[292]   Duong Tuong zitiert nach: Goldenberg, Suzanne, „Why Vietnam's best-known author has stayed silent". In: *The Observer* (19.11.2006) www.guardian.co.uk/world/2006/nov/19/books.booksnews [01.07.2011]
[293]   Ignatius, Vietnamese

expliziten Titel *Than phan cua tinh yeu* („Das Schicksal der Liebe") veröffentlicht.

4.2.2   Film und Kunst

Revisionistische Filme

Die vietnamesische Abteilung für Film ist dem Kultusministerium unterstellt und unterliegt somit staatlicher Kontrolle. Während des Krieges mit Frankreich wurde 1953 eine spezielle Sektion für Dokumentarfilme gegründet, deren Aufgabe darin bestand, den Krieg zu dokumentieren und Propaganda für die Bevölkerung zu produzieren. Mehr als 40 vietnamesische Kameramänner waren während des Amerikanischen Krieges für den Staat im Einsatz.[294] Noch heute folgen die Dokumentarfilme aus Vietnam vielfach einer Tradition symbolhafter, propagandistischer Bildsprache wie man sie aus vielen sozialistischen Ländern her kennt.

Für einen ersten internationalen Achtungserfolg der vietnamesischen Filmproduktion in der Nachkriegszeit sorgte der Regisseur Dang Nhat Minh mit seinem Kriegsfilm *When the Tenth Month Comes (Bao gio cho den thang muoi)*. Das Melodram wurde 1985 auf einem Filmfestival in Amerika aufgeführt und von den Kritikern gelobt.[295] Wie Mark Bradley in seiner Untersuchung des Kriegsbildes in zeitgenössischen vietnamesischen Filmen anführt, markierte die Veröffentlichung von *Bao gio cho den thang muoi* eine einschneidende Zäsur innerhalb der vietnamesischen Kultur.[296] Der Film handelt von einer einfachen vietnamesischen Familie, die unter den harten Bedingungen der Nachkriegszeit in ihrem Dorf ums Überleben kämpfen muss. Im Gegensatz dazu werden die Parteifunktionäre im Laufe der Handlung als privilegiert und „machtbesessen" dargestellt. Aufgrund dieser indirekten Kritik am Staat, der seine Versprechungen einer

---

[294]   Charlot, S. 445
[295]   Ebd., S. 442
[296]   Bradley, Remembering, S. 202

verheißungsvollen Zukunft als Ausgleich für die Opferbereitschaft der Bevölkerung während des Krieges nicht eingehalten hat, erkennt Bradley in Dang Nhat Minhs Melodram den ersten revisionistischen Film Vietnams.[297] Der Film erschien noch kurz bevor 1986 mit Doi moi ein offizieller wirtschaftlicher Kurswechsel von der Kommunistischen Partei eingeleitet wurde.

Minh hat mit seinem Film eine ganze Reihe weiterer revisionistischer Filmproduzenten beeinflusst, die sich mit den negativen Nachwirkungen des Krieges kritisch auseinandergesetzt haben. Eines der jüngeren Beispiele, in denen ein Regisseur sich diese Ansätze einer neuen Schaffensfreiheit zu eigen gemacht hat, ist der Film *Living in Fear* (*Song trong so hai*) aus dem Jahr 2005. Protagonist Tai (Tran Huu Phuc) hat nach Ende des Krieges ein besonders schweres Los als ehemaliger ARVN-Soldat. Auf dem Schwarzmarkt versucht er deshalb Stacheldraht aus militärischen Sperrzonen zu verkaufen, bis ihn seine finanzielle Misere schließlich soweit treibt, dass er mit Einsatz der bloßen Hand Minen entschärft. Geschickt bewegt sich der 1968 in Hanoi geborene Regisseur Bui Thac Chuyen mit seinem Film auf dem schmalen Grat zwischen Unterhaltung und Sozialkritik. Durch sein tollpatschiges Verhalten und den taktlosen Umgang mit seinen beiden Geliebten ist Tai ein klassischer Antiheld, der sogar komödiantische Züge trägt. Gleichzeitig werden im Film ganz offenherzig Probleme wie die noch immer von Streumunition kontaminierten Landstriche und die fehlgeleitete Integration der Südvietnamesen adressier. Seit es 2002 einen offiziellen Beschluss zur Weiterentwicklung des vietnamesischen Kinos gab, engagiert sich Bui Thac Chuyen im *Center for Assistance and Development of Movie Talents* (*Trung tam ho tro phat trien tai nang dien anh*) in Hanoi als stellvertretender Direktor für die Förderung von Nachwuchsregisseuren.[298]

Für die revisionistischen Werke, mit denen das staatlich geprägte Erinnerungsbild Vietnams herausgefordert wird, gebraucht Bradley

---

[297]   Bradley, Remembering, S. 203
[298]   Webseite von TPD: www.tpdmovie.com.vn [08.07.2011]

den von Michel Foucault geprägten Begriff der „Counter-Memory".[299] Einerseits stehen die revisionistischen Filme und Romane, die nach Doi moi erschienen sind, für neue künstlerische Freiheiten, die den Kulturschaffenden eingeräumt werden. Dadurch lassen sich erstmals Eindrücke von Seiten der Bevölkerung über die Verarbeitung der Vergangenheit gewinnen. Andererseits obliegen die Werke noch immer der staatlichen Zensur.

Kunst

Als sich die Mitglieder des vietnamesischen Kunstverbandes 1994 auf ihrem IV. Kongress versammelten, stimmten junge Kunstkritiker darüber ab, welche Maler des Landes zu den offiziell bedeutendsten Vertretern der Moderne zählen. Das Ergebnis war interpretationswürdig: Bui Xuan Phai, Duong Bich Lien, Nguyen Tu Nghiem und Nguyen Sang wurden als „Masters of Vietnamese modern painting" gewählt.[300] Während der Revolution, als Kunst und insbesondere die in Vietnam weit verbreitete Malerei in den Dienst der staatlichen Propaganda gestellt werden mussten, wurden die Arbeiten genau dieser unkonformen Künstler als konterrevolutionär missbilligt – ihre Werke galten als nicht patriotisch genug. In dieser Zeit waren strikte Regierungsauflagen bei der Anfertigung von Bildern zu beachten. Gemälde mussten beispielsweise einen natürlichen Charakter haben und sollten nach Möglichkeit die nationalen Ideale Vietnams transportieren. Kunst wurde dadurch zu einer meist eindimensionalen Angelegenheit, die sich an fernöstlichen Klischees orientierte. Die Gestaltung war epigonal und austauschbar oder schlichtweg überladen von revolutionärer Symbolik. Abstrakte Malerei durfte hingegen bis 1990 nicht ausgestellt werden.[301]

[299] Bradley, Remembering, S. 222
[300] Zitiert nach: Taylor, „Framing the National Spirit: Viewing and Reviewing Painting under the Revolution". In: Hue-Tam Ho Tai [Hrsg.], The Country of Memory: Remaking the Past in Late Socialist Vietnam, Berkeley [u.a.] 2001, S. 121
[301] Taylor, Framing, S. 120

Nora A. Taylor zufolge hat seit Mitte der 1990er Jahre – als allmählich auch den Künstlern in Folge der wirtschaftlichen Liberalisierung
neue Freiheiten eingeräumt wurden – eine bedeutende Veränderung
im Bereich der vietnamesischen Kunst eingesetzt. Die neue Generation von Malern ist auf der Suche nach Kunst, die nicht auf politischer
Indoktrination beruht.[302] In der Gegenwartskunst in Vietnam verdeutlicht sich schon vereinzelt, wie sich junge Künstler vom sozialistischen
Realismus emanzipiert haben. Bewaffnet mit Pinseln und der Sehnsucht nach kreativer Freiheit drängen sie auf einen Ausbruch aus der
kulturellen Isolation. Mit dem veränderten Selbstbild, das in ihren
weltläufigen Werken Ausdruck findet, definieren sie ein Stück weit
auch den nationalen Charakter ihres Landes neu.

Der aufstrebende Maler Nguyen Manh Hung setzt sich in seinen
surrealistischen Werken zum Beispiel auf satirische Weise mit dem
Amerikanischen Krieg auseinander. In einem seiner Gemälde schießen Kampfflugzeuge Getreide anstelle von Raketen ab. Obwohl sein
Vater selbst als Kampfpilot der NVA im Krieg eingesetzt war, ent-
behren seine Bilder jegliche Glorifizierung.[303] Die vom Militär dominierte Vergangenheit Vietnams setzt er dabei immer in den Kontext
der Gegenwart. Gegensätze, die der 1976 in Hanoi geborene Hung in
der Gesellschaft wahrnimmt, reflektiert er in seinen Werken: Tradition
trifft auf Fortschritt, Trauer auf Humor, Natur auf Großstadt. Mit diesen Kontrastbildern gelingt es ihm, die wiederkehrenden Polaritäten
und sozialen Konflikte seiner Umgebung einzufangen und Außenste-
henden gleichzeitig einen interessanten neuen Blickwinkel zu eröff-
nen.[304]

---

[302] Taylor, Framing, S. 131
[303] Bradley, Vietnam, S. 192
[304] Weblog von Nguyen Manh Hung: hung6776.blogspot.de [08.07.2011]

Fig. 18: Künstlerische Collage von Nguyen Manh Hung aus verschiedenen vietnamesischen Statuen.
Bildquelle: Nguyen Manh Hung

Kritische Kunst wird in Vietnam in der Regel nur an abgeschirmten, neutralen Orten wie etwa ausländischen Kultureinrichtungen ausgestellt. Noch ist die Initiative der gesellschaftlichen Avantgarde allerdings recht verhalten: Dissidente und für die Autoritäten herausfordernde Opera sind die Ausnahme. Vonseiten des Staates offenbart sich im Bereich der Kunst hingegen eine gewisse Neuausrichtung. Posthum wurde der 1988 verstorbene Maler Bui Xuan Phai Ende der 1990er Jahre mit diversen Preisen gewürdigt und damit zu einer Art ‚Nationalheld' stilisiert. In Phais Bildern wird auch die Auseinandersetzung mit den psychischen Wunden des Krieges reflektiert.[305]

---

[305] Taylor, Nora, „Pho Phai and Faux Phais: The Market for Fakes and the Appropriation of a Vietnamese National Symbol". In: *Ethnos*, Vol. 64:2 (1999), S. 239 u. S. 243

Seine Gemälde werden oft kopiert und an Touristen verkauft, da
sein Stil aus westlicher Perspektive stereotypischen Vorstellungen des
traditionellen Vietnams entspricht. Mit der vermehrten Ankunft kauf-
kräftiger Touristen und neuem Einfluss aus dem Westen haben sich
in der vietnamesischen Gesellschaft markante Veränderungen vollzogen. In welcher Form davon auch die Erinnerungskultur in Vietnam
betroffen ist, soll nachfolgend aufgezeigt werden.

4.3   KRIEGSTOURISMUS

Mit der wirtschaftlichen Liberalisierung hat Vietnam sein erhöhtes
touristisches Potential für sich entdeckt, das in Südostasien zu den
bedeutenden ökonomischen Katalysatoren zählt. Neben der Kombi-
nation aus eindrucksvoller Natur, Badesträenden und einer mehr als
1.000-jährigen Geschichte wurde im 1995 vorgelegten Konzeptions-
plan zur Entwicklung des Tourismus in Vietnam besonders der Amerikanische Krieg als „principal development orientation and area of
tourist activities" definiert.[306] In der wirtschaftlich rückständigen und
noch stark vom Krieg gezeichneten Provinz Quang Tri in Zentralvietnam setzt der Staat in Kooperation mit der *Tong cuc du lich viet nam*
(*Vietnam National Administration of Tourism*, VNAT) seitdem verstärkt
auf das noch unausgeschöpfte Potential geschichtsträchtiger Orte.
Unmittelbares Resultat dieser Agenda ist beispielsweise die Denkmal-
gruppe „Streben nach Einheit."[307]

Touristengruppen

Ausländische Touristen, die an der Besichtigung von ehemaligen
Kriegsschauplätzen und Gedenkstätten interessiert sind, können in
zwei Hauptzielgruppen kategorisiert werden.[308] Zum einen richtet

---

[306]   Zitiert nach: Henderson, S. 272
[307]   Vgl. Kapitel über Gedenkstätten (EMZ)
[308]   Zu den Zielgruppen vgl.: Kennedy, S. 143

sich das Angebot in erster Linie an amerikanische und australische Veteranen. Oftmals kehren sie mit dem persönlichen Abstand und in zeitlicher Distanz zum Krieg nach Vietnam zurück, um mit eigenen Augen zu sehen, wie sich das Land inzwischen verändert hat. Häufig reisen frühere GIs in Begleitung ihrer Familien und Kinder. Ihnen können die Veteranen Orte zeigen, die eine wichtige Rolle für ihre individuellen Erinnerungen spielen. Ein Paradebeispiel dafür ist der Strand von Da Nang.[309] Hier landeten am 8. März 1965 die ersten regulären US-Bodentruppen und bauten einen der größten Militärstützpunkte auf. Während des Amerikanischen Krieges wurde der nahe liegende Strand von Da Nang als *China Beach* bekannt, wo viele GIs ihren dreitägigen Ruhe- und Erholungsurlaub von der Front verbrachten.[310] Wie der Kriegskorrespondent Michael Herr in seiner berühmten ‚Erinnerungsdepesche' (*Dispatches*, 1977) anschaulich beschreibt, wurde der kilometerlange *China Beach* während des Krieges zum Synonym für eine Amüsier-Enklave der GIs.[311] Viele außergewöhnlich positiv belegte Erinnerungen von amerikanischen Veteranen an die Kriegszeit sind deshalb unmittelbar mit diesem Ort verknüpft. Genutzt wird dieses Potential von amerikanischen Firmen, die in Grundstücke am Strand von Da Nang bereits Millionen von Dollar investiert haben, um Ferienressorts, Einkaufszentren und einen Golfplatz zu errichten.[312] Sichtbare Spuren des US-Engagements gibt es in Da Nang hingegen kaum noch zu sehen, was damit zu erklären ist, dass *China Beach* für die NVA keinerlei Bedeutung hat.

Noch verbreiteter bei amerikanischen Rückkehrern sind sogenannte *Healing Journeys,* bei denen traumatisierte Veteranen in Gruppen nach Vietnam reisen und dabei von Psychologen betreut werden.[313] Innerhalb des Heilungsprozesses ihres Kriegstraumas gilt

[309]   Der Strand gliedert sich in die Abschnitte My Khe, Bac My An und Non Nuoc.
[310]   Gluckman, Ron, „Back to China Beach". In: *Wall Street Journal* (September 1997). Online abrufbar: www.gluckman.com/ChinaBeachVietnam.html [04.07.2011]
[311]   Vgl. Herr, Michael, An die Hölle verraten ›Dipatches‹, Berlin 1979, S. 180-183
[312]   „The Profit Hunters". In: *The Economist* Issue: 7867, 11. 06.1994, S. 75
[313]   Schwenkel, S. 28

eine Rückkehr an den Entstehungsort ihres Leidens als letzter Schritt zur Genesung.[314] Angeboten werden derartige Reisen von der amerikanischen NGO *Tours of Peace*.[315]

Zur zweiten Zielgruppe im vietnamesischen Tourismussektor zählen sogenannte Kriegstouristen, die zur persönlichen Weiterbildung in kleinen Gruppen reisen oder Besichtigungen ehemaliger Kriegsschauplätze in ihr breiter gefächertes Urlaubsprogramm mit aufnehmen.[316] Eine dritte und letzte Kategorie von Touristen, um die jedoch nicht explizit geworben wird, besteht aus den *Viet kieu* („Überseevietnamesen"), die nach der Wiedervereinigung aus Südvietnam geflüchtet sind und seit der Öffnung Ende der 1980er Jahre erstmals als Touristen in ihr altes Heimatland zurückkehren können. Sie bildeten die größte Gruppe in den Anfangsjahren von post-Doi-moi.[317] Obwohl diese Gruppe mit der westlichen Kultur aufgewachsen ist, hat sie häufig noch Verwandte und eine besondere emotionale Bindung zu Vietnam.

Bekanntestes Beispiel für einen solchen Selbsterfahrungsreisenden zurück zu den eigenen vietnamesischen Wurzeln ist der Autor Andrew X. Pham.[318] Er wurde 1967 in Saigon geboren und erlebte das Ende des Krieges im Kindesalter. Nachdem er zusammen mit seinen Eltern in die USA geflüchtet war, kehrte er 1997 erstmals nach Vietnam zurück und bereiste das Land mit seinem Fahrrad. Seine Erfahrungen als *Viet kieu* hat er in dem – auch in Vietnam bekannten – Buch *Catfish and Mandala* (1999) niedergeschrieben.[319] Obwohl Pham unmittelbar nach der Veröffentlichung auf eine schwarze Liste gesetzt wurde und seitdem offiziell nicht mehr in sein Geburtsland einreisen darf, gehört sein Buch zum Standardrepertoire der umtriebigen Straßenverkäufer in Hanoi und Ho-Chi-Minh-Stadt.

---

[314] Bleakney, S. 147
[315] Intenetseite von Tours of Peace: topvietnamveterans.org/ [04.07.2011]
[316] Vgl. Leopold, Teresa, „A Proposed Code of Conduct for War Heritage Sites". In: Ryan, Chris [Hrsg.], Battlefield Tourism: History, Place and Interpretation, Amsterdam 2007, S. 49f.
[317] Bleakney, S. 150
[318] Webseite von Andrew X. Pham: www.andrewxpham.com [04.07.2011]
[319] Pham, Andrew X., Catfish and Mandala: A Two-Wheeled Voyage through the Landscape and Memory of Vietnam, New York 1999

Noch ist der Tourismus in Vietnam eine hochpolitische Angelegenheit, bei dem die sozialistische Regierung um einen stetigen Ausgleich bemüht ist.[320] Mit einem ideologischen Spagat zwischen kommerziellen Kriegsattraktionen für Ausländer einerseits und identitätsstiftenden Gedenkstätten für die eigene Bevölkerung andererseits versucht sie inständig eine Vereinbarkeit zu erreichen. Für Touristen eröffnet sich so als umworbene Außenstehende ein ganz eigenes Narrativ des Amerikanischen Krieges, das sie von ihren Reisen mitnehmen.[321]

> For the Northerners, it is war. For the Americans, it is politics. For the Southerners, it's business.[322]

Als Fallbeispiele für stark kommerzialisierte Schauplätze der Kriegserinnerung in Vietnam werden nachfolgend das Kriegsrestemuseum in Ho-Chi-Minh-Stadt und das Tunnelsystem von Cu Chi im Süden Vietnams analysiert. Auffallend ist hierbei, dass sich im Hinblick der Vermarktung des Amerikanischen Krieges ein deutliches Nord-Süd-Gefälle in Vietnam offenbart. Von Zeitzeugen wird unterdessen bereits befürchtet, dass es durch den ansteigenden Tourismus zu einer „Kolonisierung der Vergangenheit" kommen könnte.[323]

Kriegsrestemuseum in Ho-Chi-Minh-Stadt

Noch vor der offiziellen Wiedervereinigung Vietnams wurde am 4. September 1975 im Gebäude des ehemaligen US-Informationsdienstes (*United States Information Agency*, USIA) in Ho-Chi-Minh-Stadt das Propagandamuseum für französische, chinesische und amerikanische Kriegsverbrechen eröffnet. Mit jährlich mehr als 400.000 Besuchern gehört das Museum zu den touristischen Hauptattraktionen der Stadt.[324] In dem ursprünglich in drei Ausstellungen gegliederten Kom-

---

[320] Henderson, S. 276
[321] Kennedy, S. 135
[322] Zitiert nach: Pham, S. 163
[323] Zitiert nach Henderson, S. 279
[324] Französischsprachige Broschüre, „Musee des Temoignages de Guerre, HCMC", Stand: 2010

plex werden die Gräueltaten, die von den ausländischen Invasoren an der vietnamesischen Bevölkerung verübt wurden, offen dargestellt.[325] Die Schilder, mit denen die Räume ausgewiesen sind, zeugen bereits von außen von revolutionärer Propaganda: „Aggression War Crimes" *(Toi ac chien tranh xam luoc)* und „Historic Truths" [sic!] *(Nhung su that lich su).*[326]

Unterdrückung während der 1.000-jährigen Fremdherrschaft unter den Chinesen; eine Guillotine, die sinnbildlich für die von der französischen Kolonialmacht verübten Hinrichtungen steht, und Fotos, die rassistisches und menschenverachtendes Vorgehen amerikanischer Soldaten an der vietnamesischen Zivilbevölkerung zeigen, dokumentieren das ‚jahrhundertlange Leiden', das die Vietnamesen bis zu ihrer Befreiung ertragen mussten. Obwohl viele der Kriegsfotos aus vietnamesischer Produktion speziell für die staatliche Propaganda gefertigt wurden, befinden sich auch jede Menge fotografischer Momentaufnahmen aus amerikanischen Archiven unter den ausgestellten Bildern. In der Auswahl werden besonders martialische Motive gezeigt, bei denen GIs Gewaltverbrechen an der Zivilbevölkerung verüben.[327]

[325]   Vgl. Laderman, Scott, Tours of Vietnam: War, Travel Guides and Memory, Durham 2009, S. 151-182
[326]   Quelle: Eigenes Fotoarchiv.
[327]   Vgl. Bildband: Page, Tim, Another Vietnam: Pictures of the War from the Other Side, Washington D.C. 2002

Fig. 19: Kriegsrestemuseum in Ho-Chi-Minh-Stadt.
Bildquelle: Autor

In einem Nebengebäude des Museums werden auch Nachbildungen der ‚Tigerkäfige' von der Gefängnisinsel Con Son gezeigt. Bereits unter französischer Kolonialherrschaft wurden dort Folterzellen errichtet, „in denen bis zu fünf Gefangene zwischen ihren eigenen Exkrementen angekettet weder liegen noch stehen, sondern nur in verzerrten Stellungen hocken konnten."[328] Während des Amerikanischen Krieges gebrauchten die südvietnamesischen Einheiten die Tigerkäfige weiter, um NVA-Soldaten und NLF-Kader einzusperren und zu foltern. Das nordvietnamesische Pendant zu den Folterzellen findet in der parteiergreifenden Darstellung hingegen keinerlei Berücksichtigung.

Nur wenige Wochen bevor der frühere US-Präsident Bill Clinton die Beziehungen zwischen den USA und Vietnam 1995 als „normalisiert" bezeichnete, wurde das Museum in seine heutige Bezeichnung

---

[328] Zitiert nach: „Aus der Gruft". In: Spiegel 14/1973 (02.04.1973)

„Museum für Kriegsrelikte"[329] *(Bao tang chung tich chien tranh)* umbenannt. Noch immer werden in der Ausstellung schockierende Fotos missgebildeter Kinder gezeigt, die infolge des Einsatzes chemischer Waffen wie *Agent Orange* geboren wurden. Dennoch hat sich der ideologische Ton auf den Erklärungstafeln seit Mitte der 1990er Jahre allmählich gemildert. Anstelle der Bezeichnungen ‚Imperialist' *(de quoc my)* und ‚Feind' *(giac my)* treten in den zunehmend überarbeiteten Versionen abgeschwächtere Begriffe.[330] Während der vietnamesische ‚Freiheitskampf' in der Darstellung weiterhin seine übergeordnete Bedeutung behält, wird die ‚aggressive' und aktive Rolle des jeweiligen Krieggegners versachlicht erläutert und weniger hervorgehoben. Mit dieser terminologischen Transformation wird das Feindbild zunehmend „anonymisiert".[331] Die Ausstellung zu den chinesischen Kriegsverbrechen wurde infolge der Wiederaufnahme wirtschaftlicher Beziehungen zu China im Oktober 1991 sogar komplett geschlossen.[332] Damit will die vietnamesische Regierung ein Zeichen in dem ohnehin schon schwer belasteten Verhältnis der beiden asiatischen Länder setzen.[333] „We need to respect history and also not forget the past. But at the same time we are concerned with our nation's economic development",[334] rechtfertigt der Museumsdirektor des Kriegsrestemuseums die aufgrund von wirtschaftlichem Opportunismus vollzogenen Veränderungen.

---

[329]   Webseite des Kriegsrestemuseums: www.baotangchungtichchientranh.vn [17.06.2011]

[330]   Schwenkel, S. 162; Vgl. Laderman, Scott, „Shaping Memory of the Past: Discourse in Travel Guidebooks for Vietnam". In: Mass Communication and Society (2002), 5: 1, S. 106

[331]   Begriff nach: Kennedy, S. 154

[332]   Erlanger, Steven, „Saigon in Transition and in a Hurry". In: New York Times Travel Magazine (17.05.1992)

[333]   2011 häuften sich die Zwischenfälle in einem zwischen China und Vietnam seit langem umstrittenen Gebiet im Südchinesischen Meer. Um die von beiden Staaten beanspruchten Spratly-Inseln wird Erdöl in großen förderbaren Mengen vermutet. Vgl.: Schmidt, Udo, „Der Ton zwischen Vietnam und China wird rauer". In: tagesschau.de: www.tagesschau.de/ausland/vietnamchina102.html (15.06.2011) [15.06.2011]

[334]   Museumsdirektor zitiert nach: Schwenkel, S. 162

Die Tunnel von Cu Chi

'In Asia, there are two man-made wonders: one you can see from outer
space [die chinesische Mauer], one you can't see even when you're standing
on it [die Tunnel von Cu Chi].'[335]

Die Tunnel von Cu Chi *(Dia dao cu chi)* sind der komplexeste Teil eines
Untergrundnetzwerkes, das während seiner Hochphase in den 1960er
Jahren von der kambodschanischen Grenze bis zur südvietnamesischen Hauptsstadt Saigon reichte. Einen offiziellen militärischen
Befehl das Tunnelsystem auszuheben, hat es nie gegeben.[336] Ganz von
selbst begannen sich die im Süden aktiven Viet-Minh-Verbände in den
1940er Jahren in die rote Lehmerde des Dschungels von Cu Chi ein-
zugraben, um Artilleriefeuer und Bombenangriffen der französischen
Armee auszuweichen. So konnten sichere unterirdische Verbindun-
gen zwischen Dörfern hergestellt werden. Als „natürliche Antwort"
der schlecht ausgerüsteten Guerillakämpfer auf die technische Überlegenheit des Gegners entstand dadurch nach und nach ein kilometer-
langes Untergrundlabyrinth.[337] Während des Amerikanischen Krieges
wurden die spinnennetzartigen Anlagen über insgesamt drei Ebenen
auf mehr als 200 Kilometer ausgedehnt. Neben Waffenkammern,
Küchen, Besprechungs- und Schulräumen beinhaltete der Cu-Chi-
Komplex auf der ersten Ebene auch eine improvisierte Krankenstation
mit einer Kapazität von bis zu 400 Pritschen.[338]

Cu Chi diente der Nationalen Befreiungsfront außerdem als wichtige
Basis für geheime Operationen. Aufgrund seiner optimalen geostrategi-
schen Lage unweit der aus dem Norden kommenden Verbindungsader
– dem Ho-Chi-Minh-Pfad – und weniger als 70 Kilometer nordwestlich
von Saigon entfernt, wurden die massiven Angriffswellen auf die südvietnamesische Hauptstadt während der Tet-Offensive 1968 von hier
aus koordiniert. Vom Staat wird das Tunnelsystem als Musterbeispiel
dafür, wie die vermeintlich chancenlosen Vietnamesen ihre materielle

---

[335] Vietnamesischer Soldat zitiert nach Pham, Catfish, S. 156
[336] Mangold, S. 15
[337] Ebd., S. 15
[338] Ebd., S. 135

Unterlegenheit durch Arbeitseifer, Ausdauer und Ideenreichtum kompensieren und am Ende sowohl die Franzosen als auch die Amerikaner aus ihrem Land verdrängen konnten, instrumentalisiert. Ausräucherungsversuche sowie der Einsatz von Schäferhunden und sogenannten Tunnelratten – kleinwüchsigen US-Soldaten, die ausgerüstet mit einem Revolver in die engen Tunnellöcher krochen – scheiterten allesamt. Selbst schwerste Bombardements durch B52-Maschinen – deren abgeworfene Bomben Krater verursachten, die noch heute zu sehen sind – blieben insgesamt wirkungslos. Cu Chi blieb für die Amerikaner trotz intensivster Anstrengungen uneinnehmbar. Als nationales Symbol für Heldentum und Courage gehört Cu Chi deshalb zu den grundlegenden Bausteinen der von staatlicher Seite propagierten Darstellung des Kampfes um Selbstbestimmtheit und des Nimbus der vietnamesischen Unbesiegbarkeit.[339]

Nach dem Krieg wurde ein Großteil der Tunnelanlagen von Cu Chi zerstört, und auch die meisten Gänge sind mit der Zeit verschüttet. Erhalten blieben jedoch Teile des bedeutenden Ben-Duoc-Tunnels, der während des Krieges als Basis des kommunistischen Oberkommandos für Saigon diente. Dieser Tunnel wurde 1979 vom Kultusministerium als nationale Gedenkstätte aufbereitet.[340] Vietnamesische Schulklassen und Studenten erhalten hier Führungen, zu denen auch eine Besichtigung der Untergrundgänge gehört. Mit der Öffnung für den Tourismus ab Mitte der 1990er Jahre ist Cu Chi zu einer der größten Touristenattraktionen Vietnams avanciert. Mehr als eine Million Vietnamesen haben die Cu-Chi-Tunnel 1998 besucht – seitdem nimmt jedoch die Zahl der einheimischen Besucher stetig ab. Kontinuierlich zu nimmt hingegen die Anzahl ausländischer Touristen, die 2007 bei mehr als 350.000 lag.[341] Sukzessive ist die historische Gedenkstätte dabei zu einer Art ‚Vergnügungspark' degeneriert.[342]

[339]   Schwenkel, S. 89
[340]   Entscheidung No.54/VHQN vom 29.04.1979 Faltblatt 2010
[341]   Figures of Visitors from 1990 bis 06/2008: www.cuchitunnel.org.vn/content/index.php?var=15&more=1&lan=1 [05.07.2011]
[342]   Krebs, Verena, „Die Dschungelshow: Im vietnamesischen Cu Chi werden Touristen launig durch die Welt der Vietcong-Kämpfer geführt". In: *Süddeutsche Zeitung* (10.12.2009)

Cu Chi als Touristenattraktion

'And though we lost the war, our culture is clearly winning [...] Our way of life [is] far more powerful than our bombs.'[343]

William Broyles (Amerikanischer Kriegsveteran)

Jedes der zahlreichen Reisebüros in Ho-Chi-Minh-Stadt hat einen Tagesausflug zu den Cu Chi Tunneln in seinem Programmangebot. Täglich fahren mehrere Busse nach Cu Chi, um Scharen ausländischer Touristen zu den beiden Besichtigungstunneln Ben Duoc und Ben Dinh[344] zu bringen. Die Reiseleiter, die während der Busfahrt bereits für ein typisches vietnamesisches Unterhaltungsprogramm in Form von Gesang und Spielen sorgen, sind oftmals ehemalige ARVN-Soldaten und versprechen eine neutrale Sichtweise auf die geschichtlichen Ereignisse wiederzugeben, die ‚nicht' von kommunistischer Propaganda durchtränkt ist.[345]

Klassische Propaganda bekommen die Cu Chi-Besucher aber schon vor der eigentlichen Besichtigung des Tunnelsystems zu sehen: In einem rekonstruierten Schulungsraum auf erster Tunnelebene – bei dem nur das Palmdach über die Erde ragt – wird ein für Tour-Teilnehmer obligatorischer Schwarzweißfilm vorgeführt, der die Ausdauer und Kampfleistungen der NVA-Soldaten hervorhebt.[346] Darin wird auch gezeigt, wie Schützen, die gleich mehrere GIs getötet haben, als „American Killer Heroes" ausgezeichnet wurden. Mit einem staatlichen Reiseleiter in Dschungeluniform werden anschließend verschiedene Stationen abgelaufen, bei denen die ‚improvisatorische Genialität' der Guerillakämpfer veranschaulicht wird. Dabei wird

---

[343] Zitiert nach: Broyles, William, „The Road to Hill 10: A Veteran's Return to Vietnam". In: Atlantic Magazine (April 2008). Im Onlinearchiv abrufbar: www.theatlantic.com/magazine/archive/1985/04/the-road-to-hill-10/6463/ [05.07.2011]; gefunden bei: Bleakney, S. 171

[344] Entscheidung No.101/2004/QD-BVHTT vom 15.12.2004 Faltblatt 2010

[345] Vgl. Alneng, Victor, „What the Fuck is a Vietnam: Touristic Phantasms and the Popcolonization of (the) Vietnam (War)". In: Critique of Anthropology (2002), Vol. 22, S. 470; Schwenkel, S. 98 u. Krebs, Verena

[346] Vgl. Henderson, S. 277

einerseits demonstriert, dass die „VeeCees"[347] – wie der Reiseleiter die Guerilleros fortan mit ausgesuchter Distanziertheit bezeichnet – „Meister der Tarnung" waren, wenn es beispielsweise um die Umleitung des Dampfes durch einen geschickt angelegten Rauchabzug für die Kochplätze ging. Andererseits wird mit den Fallgruben, Bambusstock- *(Punji traps)* und Sprengfallen *(Booby traps)* das effiziente Repertoire simpelster Verteidigung vorgeführt – eine moderne Analogie zum ungleichen Kampf von David gegen Goliath. Christina Schwenkel misst der Präsentation dieser Waffen, die aus Bambus oder anderen leicht aus dem Dschungel zu besorgenden Materialien bestehen, einen demütigenden Charakter für amerikanische Kriegsveteranen bei, da sie verdeutlichen, wie die Militärmacht USA mit „primitiver Technologie" besiegt werden konnte.[348]

Fig. 20: *Clipping Armpit Trap*. Nachbildung einer Falle in Cu Chi.
Bildquelle: Autor

[347]   „VC" leitet sich aus dem phonetischen Alphabet der US-Army ab und steht für Victor Charlie, das wiederum für „Viet Cong" steht. Einigen Wissenschaftlern gilt die Bezeichnung Viet Cong („Vietnamesischer Kommunist") als negativ konnotiert. Der Reiseleiter nimmt damit eine distanzierte, respektive westliche Sichtweise ein.
[348]   Schwenkel, S. 27

In der zweiten Hälfte des Rundgangs können die Touristen im ‚Themenpark' von Cu Chi interaktiv am Geschehen teilnehmen.[349] Der Tourführer fordert die Besucher an dieser Stelle regelrecht dazu auf, sich in die Situation eines „VeeCee"s zu versetzen und durch einen Teilabschnitt des Tunnelsystems zu kriechen, um eine „authentische Kriegserfahrung" zu erleben[350] – auf Wunsch auch in schwarzer Guerillero-Kleidung mit Tropenhelm. Vietnamesische Geschäftstüchtigkeit gepaart mit südostasiatischem Pragmatismus richtet den respektvollen Umgang mit der Vergangenheit in Cu Chi unwiderruflich zugrunde: „It's very hard being a tour guide. Sometimes I feel like a pimp", erklärt einer der Führer seine Rolle.[351]

Die ursprünglichen Tunnelgänge von 1,20 Meter Höhe und 80 Zentimetern Breite wurden für die Touristen extra künstlich ausgeweitet.

Solange der Profit stimmt, wird der Tunnelkrieg hier künstlich am Leben gehalten: Für einen Dollar pro Schuss können die Besucher anschließend am Schießstand *(The thao quoc phong)* mit scharfer Munition und einem original sowjetischen Sturmgewehr vom Typ AK-47 auf Zielscheiben und Kokosnüsse feuern. Neben Kalaschnikow stehen befremdlicherweise selbst die ursprünglich nur auf amerikanischer Seite eingesetzten M-16-Sturmgewehre für Schützen zur Verfügung. Nicht selten ermutigen die Tourführer ihre Gruppenmitglieder mit Aussagen à la „Go ahead and be Rambo" und kombinieren damit des vietnamesische Narrativ mit Bildern des ‚Vietnamkrieges' aus der amerikanischen Popkultur.[352] Abschließend wird den Teilnehmern noch eine authentische Guerillamahlzeit serviert: Maniokwurzel mit Salz und Sesam.[353] Vor der Rückfahrt haben die Touristen Gelegenheit sich mit Souvenirs einzudecken. Neben VeeCee-Kopfbedeckungen und den blau-weiß karierten VeeCee-Schals gibt es auch ‚Ho-Chi-Minh-Sandalen' aus ausrangierten Autoreifen zu kaufen. Kommerz ist in den Shops über jegliche Ethik erhaben: Aus alten Patronenhülsen

---

[349]   Begriff nach: Bleakney, S. 171
[350]   Ebd., S. 172
[351]   Zitiert nach: Pham, Catfish, S. 329
[352]   Zitiert nach: Schwenkel, S. 93, Vgl. Henderson, S. 277
[353]   Schwenkel, S. 85

gefertigte Produkte reichen vom AK-47-Patronenanhänger bis hin zu Granat-Attrappen.

In Cu Chi wird eine ganz eigene hybride Erinnerungskultur konstruiert, die sich sowohl aus amerikanischer als auch aus der vietnamesischen Perspektive speist und neu zusammenfügt.[354] Ohne die Vergangenheit kritisch aufgearbeitet, geschweige denn bewältigt zu haben, werden in Cu Chi Elemente der „Living-History"[355] – wie das Schießen in Uniform – als authentische Kriegserfahrung an die Touristen verkauft. Cu Chi ist weniger ein Exempel für eine transnationale Katharsis eines überwundenen Kriegstraumas als vielmehr die „Trivialisierung" einer für Veteranen beider Seiten schmerzlichen Episode.[356]

Das Fehlen eines eindeutigen Narrativs verdeutlicht sich nicht zuletzt auf der Internetseite der Tunnelanlage: Nach dem Gästebucheintrag des prominenten Cu Chi-Besuchers Fidel Castro, der die Tunnelanlage als Symbol für den „heroischen Sieg des vietnamesischen Volkes über den technisch und militärisch erstklassig ausgerüsteten US-Aggressor" würdigt,[357] ist mit Stolz vermerkt, dass auch schon „Mr. David Rockefeller" mit seinen 70 Jahren durch die Tunnel gekrochen ist und anschließend gekochte Maniokwurzeln mit Salz verzehrt hat.[358]

---

[354]   Schwenkel, S. 101

[355]   Vgl. Hart, Lain, „Authentic recreation: Living history and Leisure". In: *Museum and Society* (Juli 2007), S. 103-124

[356]   Hue-Tam Ho Tai, „Hallowed Ground or Haunted House: The War in Vietnamese History and Tourism". In: Contemporary Issues 3. Cambridge, Fairbank Center for East Asian Research (1994), S. 8

[357]   Mr. Fidel Castro Ruz in Cu Chi: www.cuchitunnel.org.vn/content/news. php?var=14&more=1&art=29&lan=1 [05.07.2011]

[358]   „Mr. David Rockefeller in Cu Chi": www.cuchitunnel.org.vn/content/news. php?var=14&more=1&art=32&lan=1 [05.07.2011]

4.4 KRIEGSNOSTALGIE

‚Aus dem Flugzeugfenster können Sie Reisbauern sehen und Bombenkrater in den Reisfeldern. Und wenn Ihnen das noch nicht reicht als Nervenkitzel, dann können Sie auf amerikanischen Panzern herumklettern, die der siegreiche Vietcong überall aufgestellt hat, oder Sie können sich GI-Feuerzeuge kaufen, richtige Zippos von damals, mit markanten Sprüchen drauf, so wie man sie aus Vietnam-Filmen kennt.'[359]

Französischer Besucher der Saigoner Bar Apocalypse Now

Revolutionsnostalgie

Armut und Entbehrungen sind bei den vietnamesischen Zeitzeugen des Amerikanischen Krieges in der Erinnerung zu gegenwärtig, als dass sie unbefangen in Nostalgie verfallen könnten.[360] Eine Rückbesinnung findet allenfalls im Diskurs zwischen den Generationen über vergangene Gesellschaftswerte statt. Mit Einführung der Marktwirtschaft und der Öffnung für den Tourismus ist jedoch parallel auch der Konsum von Kriegsmemorabilia rapide angestiegen.[361] Infolgedessen hat sich in den 1990er Jahren ein eigener Markt für kriegsspezifische Souvenirs herausgebildet, durch den eine neue Ausprägung von Kriegsnostalgie produziert wird, der speziell ausländische Touristen anspricht. Mitunter wird dabei die eigene Revolution vermarktet. Obwohl das Straßenbild in Vietnam noch immer von parteioffiziellen Propagandaplakaten in Tradition des sozialistischen Realismus geprägt ist, haben in Ho-Chi-Minh-Stadt und Hanoi bereits erste Geschäfte eröffnet, in denen ‚Propaganda Art' aus der Kriegszeit verkauft wird.[362] Poster, auf denen NVA-Soldaten mit Panzerfäusten Kampfflugzeuge der *US Air Force* abschießen und auf denen gefordert wird, die ‚US-Imperialisten' mit Entschlossenheit zu bekämpfen *(quyet thang giac my)*, oder pathetische Darstellungen, die den ‚unbesiegbaren

---

[359] Zitiert nach: Kracht, Christian, Der gelbe Bleistift, München 2008, S. 116
[360] Taylor, Pho, S. 238
[361] Schwenkel, S. 82
[362] Vgl. Gluckman, Ron, „Revolutionary Art". In: *Wall Street Journal* (Juli 2006). Online abrufbar: www.gluckman.com/VietnamPropaganda.html [05.07.2011]

Geist' von Dien Bien Phu beschwören *(Tinh than dien bien phu bach chien bach thang)*, finden so den Weg in die Wohnzimmer von Touristen aus Amerika, Frankreich und anderen Teilen der Welt.[363]

T-Shirts und Guerillahelme, die es an jeder Straßenecke zu kaufen gibt, tragen weiter dazu bei, der vietnamesischen Revolution einen Kultstatus zu verleihen, wie es in Kuba mit Ernesto ‚Che' Guevara als umsatzkräftiger Pop-Ikone der Revolution schon geschehen ist. Durch die massenhafte Produktion von ‚Revolutions-Artikeln' für Touristen werden bestimmte Symbole des Kommunismus, wie zum Beispiel der Revolutionsstern, sinnentleert. Infolgedessen entreißen auch jüngere Vietnamesen derartige Symbole ihrem historischen Kontext und adaptieren sie als Modeaccessoires im Alltag.[364] So werden beispielsweise auf den Straßen in den Großstädten häufig grüne Viet-Cong-Tropenhelme mit angebrachten Rangabzeichen der NVA als Sturzhelm getragen.

Kolonialnostalgie

Verstärkt setzt die Tourismusindustrie bei der Vermarktung des Reiseziels Vietnam auch auf spezielle Hinterlassenschaften früherer Besatzer, die in Broschüren als „besonderer Charme" angepriesen werden.[365] Während das von Kolonialbauten dominierte Hanoier Viertel *Ville Française* mit der französischen Oper als besonders elegant gilt, wird das frühere Saigon als Zentrum der Kolonialnostalgie wieder als „Paris des Ostens" verkauft. Um ebenfalls wieder in alter Wirkungskraft zu erstrahlen, wird seit 1992 auch das berühmte *Hotel Métropole* in Hanoi – das nach dem Abzug der Franzosen 1954 von den Kommunisten in *Thong nhat* („Einheit") umbenannt wurde – wieder unter seinem ursprünglichen Namen geführt.

---

[363]   Vgl. Webseite von Propaganda Art: www.vnpropaganda.com [08.07.2011]
[364]   Tai, Faces, S.192
[365]   Offizieller Slogan der VNAT ist: „Vietnam: The hidden charm"

„Memory with the pain removed"[366] lautet die Devise, unter der
der Amerikanische Krieg für Touristen verklärt und zum Baustein
einer konstruierten Kriegsnostalgie gemacht wird. Der ehemalige
CIA-Chefstratege Frank Sneep kommt bei seinen Erinnerungen an
Saigon ins Schwärmen:

> ‚Es war eine aufregende Zeit. Saigon glich einer Wildweststadt: Granaten
> lagen auf den Straßen; Schießereien am Stadtrand. Es mag merkwürdig
> klingen, aber Saigon war wunderschön. Es war Hemingways Welt.'[367]

Hotels wie das *Rex* in Ho-Chi-Minh-Stadt werben heute in ihren Broschüren damit, *lieux de mémoire* des Amerikanischen Krieges zu sein. Sie
laden dazu ein, auf der Dachterrasse einen Gin Tonic einzunehmen, wie
es einst die ausländischen Korrespondenten taten, die sich täglich um
17 Uhr zu den „Five O'Clock Follies"[368] über dem damaligen Büro der
Joint United States Public Affairs (JUSPAO) einfanden und die Unruhen in
der Stadt (aus weitgehend sicherer Entfernung) miterleben konnten.[369]
Auch die Reputation des *Continentals*, in dem Graham Greene 1955
seinen berühmten Roman *Der stille Amerikaner* geschrieben hat, und
das Renommee des *Caravelle* oder *Majestic* speisen sich aus Kolonialro-
mantik und Kriegsnostalgie.[370] „Sehen Sie Graham Greene dort an der
Bar sitzen? Somerset Maugham, wie er seinen Drink genießt? In den
legendären Hotels Vietnams spürt man den Geist alter Tage", wirbt ein
deutsches Reisemagazin, das eng mit den Hotels vor Ort zusammen-
arbeitet. Kolonialer Chic aus Catherine Deneuves Indochina lautet
das Urlaubsversprechen. Zum standardmäßigen Inventar der vietnamesischen Kolonialhotels gehören deshalb trotz der verbreiteten

---

[366] Zitiert nach: Kennedy, S. 137

[367] Frank Sneep zitiert nach Braumann, Randy, „Die Macht der Bilder". In: ADAC
Reisemagazin Nr. 83, Vietnam, Laos & Kambodscha (November/Dezember
2004), S. 108

[368] Als „Five O'Clock Follies" wurden von den Korrespondenten jene „Märchen"
über den Krieg bezeichnet, die sie von offizieller Seite aufgetischt bekamen.
Vgl. Appy, S. 290

[369] Webseite des *Rex Hotels*: rexhotelvietnam.com/en/About-us-details.aspx?
pg=About-us&id=12 [08.07.2011]

[370] Webseite des *Hotel Majestic Saigon*: www.majesticsaigon.com.vn/history.html
[08.07.2011]

Klimaanlagen übergroße Deckenventilatoren, die sich eigens für den nostalgischen Charme drehen.[371] In Bars wie dem *Apocalypse Now* in Ho-Chi-Minh-Stadt, das im passenden Hollywoodfilm-Thema dekoriert ist, wird diese Nostalgie zudem mit stereotypischen Bildern aus der amerikanischen Popkultur angereichert, in der Vietnam in erster Linie ein Synonym für Sex, Drogen und Rock 'n' Roll ist.[372]

Kriegssouvenirs

Zu den meist angebotenen Souvenirs zählen neben GI-Erkennungsmarken, Abzeichen und Orden besonders jene Zippo-Benzinfeuerzeuge, die schon während des Amerikanischen Krieges Kultstatus unter den US-Soldaten genossen.[373] Insgesamt dienten zwischen 1965 und 1973 fast drei Millionen amerikanische Soldaten in Vietnam, wodurch knapp 200.000 Benzinfeuerzeuge in Umlauf geraten sein sollen. Zu den ersten interessierten Kunden gehörten Kinder amerikanischer Soldaten und vietnamesische Frauen, erklärt ein Verkäufer aus Ho-Chi-Minh-Stadt:

> Most of them didn't know their father's name and had no documents so they bought Zippos as a kind of birth certificate. They would say it came from their father and hoped that would be evidence enough to help them leave.[374]

Zippo-Sammler Bradford Edwards bezeichnet die Feuerzeuge als „Schützengraben-Kunst", denn die Soldaten ließen sich an Straßenständen in Saigon Parolen und Symbole eingravieren, die ihre persönlichen „Gefühle, Ideen und Wünsche" reflektierten.[375] Die Aphorismen ähneln sich und zeugen häufig von Kriegsmüdigkeit: „We are the unwilling, led by the unqualified, doing the unnecessary, for the ungrateful".

[371] „Kolonial-Hotels". In: ADAC Reisemagazin Nr. 83, S. 112-117
[372] Vgl. Alneng, S. 470
[373] Buchanan, Sherry, Vietnam Zippos: American Soldiers' Engravings and Stories (1965-1973), Chicago 2007
[374] Hoang Van Thiet zitiert nach: Appy, Patriots, S. 535
[375] Bradford Edwards zitiert nach: „Kunst aus dem Schützengraben". In: *Focus-Online* (15.01.2008), www.focus.de/kultur/buecher/zippo-feuerzeuge_aid _233386.html [08.07.2011]

Symbolisch stehen die Zippos jedoch gleichzeitig für die gewaltsamen *Search and Destroy* („aufspüren und vernichten") Missionen amerikanischer Soldaten, auf denen die Feuerzeuge zum Anstecken ganzer Dörfer eingesetzt wurden. Dadurch fungieren sie als „implizites Vehikel der Erinnerung" (Schwenkel).[376] Unzählige Nachbildungen und ein paar letzte Originale werden heute zu profitablen Preisen an Touristen verkauft. Ob sich aus der Nostalgie, die sich in Vietnam hauptsächlich auf das rentable Geschäft mit Ausländern konzentriert,[377] in den kommenden Jahren eine Art von Gegen-Narrativ entwickeln kann, in dem auch Südvietnam repräsentiert ist, bleibt abzuwarten. Eine zumindest gesellschaftliche Neubewertung der ehemaligen Deutschen Demokratischen Republik (DDR) – die als Teil der „Ostalgie" aus der Nostalgie heraus entstanden ist – hat sich beispielsweise Mitte der 1990er Jahre in Deutschland vollzogen, nachdem die Erinnerung an die DDR nach der Wiedervereinigung zunächst von einer westdeutschen Perspektive dominiert war.[378]

4.5 MODELLE DER AUFARBEITUNG

Museum für Ethnologie

Eine Ausnahmeerscheinung in der Erinnerungslandschaft Vietnams ist das 1997 in Hanoi eröffnete Ethnologiemuseum[379] *(Bao tang dan toc hoc viet nam)*. Es ist sowohl Ausstellungsmuseum als auch Forschungszentrum, in dem sich Wissenschaftler mit dem kulturellen Erbe der ethnischen Vielfalt Vietnams auseinandersetzen. Gefördert wird das VME *(Vietnamese Museum of Ethnology)* von ausländischen Botschaften,

---

[376] Begriff nach: Schwenkel, S. 88

[377] Vgl. MacLean, S. 296

[378] Vgl. Berdahl, Daphne, „Expressions of Ecperience and Experience of Expression: Museum Re-Presentations of GDR History". In: Anthropology and Humanism, Vol. 30, No. 2 (2005), S. 162

[379] Webseite des *Vietnamese Museum of Ethnology* (VME) www.vme.org.vn/aboutus_history.asp [03.07.2011]

der *Rockefeller Foundation* und dem *Smithsonian Institute*.[380] Damit setzt es sich von den anderen großen – rein staatlich geförderten – Nationalmuseen Vietnams ab, deren Tenor eine propagandistische Betrachtungsweise hat.

Im Jahr 2006 – zum 20. Jahrestag von Doi moi – wagte sich die Museumsleitung des VME an eine Ausstellung heran, in der das harte Alltagsleben in der Subventionsperiode (1975-1986) beleuchtet wurde.[381] Zwangsläufig musste es in der Ausstellung über den von sozialen Erschwernissen wie Lebensmittelengpässen und Warenknappheit gekennzeichneten Zeitraum auch zu einem kritischen Ton kommen – ein Novum in der Auseinandersetzung mit der vietnamesischen Vergangenheit. Im Vergleich zu den staatlichen Museen, deren Besuch für Studien- und Schulklassen obligatorisch ist, sonst aber nur wenige einheimische Interessenten anzieht, erfreute sich die Ausstellung großer Beliebtheit. Für ältere Vietnamesen, die während der Subventionsperiode selbst ums Überleben kämpfen mussten, war die Sonderausstellung ein großer Anreiz, den eigenen Kindern und Enkeln zu zeigen, wie der beschwerliche Alltag nach dem Krieg ausgesehen hatte.

Anstelle von brachialer Propaganda wurden subtile Exponate mit „mnemonischer Strahlkraft" für die Zeitzeugen ausgewählt. So konnten sich die älteren Besucher beim Betrachten der sogenannten Platzhalter *(Gach xep hang)* – schlichten, aber umso bedeutungsvolleren Backsteinen, die versehen mit Namen und Nummern dazu benutzt wurden, um den Platz in der Schlange der Nahrungsmittelausgabe zu kennzeichnen – zurück in ihre Not während der Subventionsperiode versetzen.[382] Dass diese Not auch erfinderisch gemacht *(Cai kho lo cai khon)* und die vietnamesische Tugend der improvisatorischen Kreativität weiter geformt hat, wurde somit ebenfalls zum Teil der Präsentation im VME. Nicht zuletzt ebnete dieser innerhalb der Subventionsperiode geprägte individuelle Pragmatismus auch den Weg

---

[380]   Sutherland, S. 157; Vgl. www.vme.org.vn/sponsor.asp [05.07.2011]
[381]   MacLean, S. 281
[382]   Ebd., S. 289

für das Reformprogramm Doi moi, dessen Früchte die jungen Vietnamesen heute anfangen auszukosten.[383]

Dokumentarfilme

Durch die mittlerweile vereinfachten technischen Möglichkeiten selbst einen Film zu drehen, nimmt der Dokumentarfilm im modernen Vietnam eine besondere Rolle ein. Im Gegensatz zu der während des Krieges staatlich veranlassten Propaganda liefern viele Dokumentarfilme mit ihrer auf die Menschen ausgerichteten Erzählhaltung ein authentisches Zeugnis aus der Perspektive der Betroffenen. Gefördert werden junge vietnamesische Dokumentarfilmer insbesondere von europäischen Kulturinstitutionen wie dem deutschen Goethe-Institut[384] in Hanoi, der Akademie der Deutschen Welle[385] oder der französischen Einrichtung *L'Espace*.[386] In Zusammenarbeit mit dem *Vietnam National Documentary and Scientific Studio* (VNDSFS) wurden auf diese Weise bereits zwei internationale Dokumentarfilmfestivals mit deutscher und französischer Unterstützung in verschiedenen Städten Vietnams organisiert. Mit den vietnamesischen Beiträgen *Ban tho cua me* („The Altar of the Mother") und *Dat to que cha* („Der Heimatboden"), befassten sich 2010 gleich zwei Dokumentarfilme mit der Kriegsvergangenheit Vietnams. Beide wurden in der Provinz Quang Tri gedreht. „Heimatboden" (2008) von Vuong Khanh Luong dokumentiert die Suche junger Vietnamesen nach ihren im Krieg verschollenen Vätern. In *The Altar of the Mother* (2006) beschäftigt sich der Regisseur Mac Van Chung mit den religiösen Ritualen von Müttern, die ihre Söhne während des Krieges verloren haben. Auf sehr emotionale Art und Weise

---

[383] MacLean, S. 285

[384] Webseite des Goethe-Instituts Hanoi: www.goethe.de/ins/vn/han/deindex. htm?wt_sc=hanoi

[385] Link zu einem Dokumentarfilmprojekt, das die Deutsche Welle Akademie in Ho-Chi-Minh-Stadt durchgeführt hat: „Vietnam: Eine kleine, große Geschichte", www.dw.de/dw/article/0,,16016000,00.html [18.07.2012]

[386] Webseite von L'Espace: www.ifhanoi-lespace.com [15.06.2011]

veranschaulichen die Werke die familiäre Zerrissenheit und Trauer, die der Krieg in der noch immer gezeichneten Provinz gebracht hat. Durch den internationalen Kontext, die wechselnden Ausrichtungsorte und den freien Eintritt sind die Dokumentarfilmfestivals bei den Vietnamesen sehr beliebt und können insgesamt einem breiten Publikum vorgeführt werden. Anschließend wird stets auch Platz für Diskussionen eingeräumt. Mit der Bereitstellung des oft unerschwinglichen Equipments, Schneideräumen und der Förderung von jungen vietnamesischen Filmschaffenden leisten die internationalen Kulturinstitutionen in Vietnam einen positiven Beitrag, der auch ein Ansatz für die gemeinsame Aufarbeitung und Bewältigung der Vergangenheit ist.

5 SCHLUSS

Nach über 30 Jahren andauerndem Krieg hatten die Kommunisten 1976 die von Ho Chi Minh in den 1940er Jahren vorgegebenen Ziele erreicht: nationale Befreiung und Wiedervereinigung. „The North had won. The South Vietnamese State was quickly no more than a memory,"[387] beschreibt Mark Bradley das Ende der Republik Vietnam (RVN). Zu einer „Erinnerung" wurde Südvietnam allerdings gerade nicht.

Was in der Erinnerungskultur nach der Wiedervereinigung in Vietnam einsetzte, lässt sich treffend durch den von Peter Steinbach für den deutschen Erinnerungsdiskurs geprägten Begriff der „Fragmentarisierung des Gedenkens" beschreiben.[388] In der für den sozialistischen Staat legitimatorisch und identitätsstiftenden Erinnerungskultur, die in der Öffentlichkeit durch Monumente, Soldatenfriedhöfe, Gedenkstätten, Museen und Gedenktage konstruiert wird, findet der Süden jeweils keine Berücksichtigung. Die gefallenen ARVN-Soldaten werden – metaphorisch betrachtet – zu „rastlosen Seelen", denen der Weg in das kollektive Gedächtnis von offizieller Seite versperrt wird.[389]

Obwohl ein befürchtetes Blutbad an der südvietnamesischen Bevölkerung ausblieb, mussten zahlreiche frühere Funktionäre nach dem Krieg in sozialistische Umerziehungslager und verloren ihren Besitz. Ein Großteil der südvietnamesischen Gesellschaft lebte im wiedervereinigten Vietnam mit unartikulierten Frustrationen. Zudem wird dem Süden die einseitige Perspektive Nordvietnams oktroyiert, indem der Staat mit der Errichtung prunkvoller Monumente auch in Südvietnam versucht, *lieux de mémoire* eines ‚patriotischen Sieges' gegen ‚ausländische Aggressoren' zu etablieren.

---

[387] Bradley, Vietnam, S.174
[388] Steinbach, Peter, „Die Vergegenwärtigung von Vergangenem. Zum Spannungsverhältnis zwischen individueller Erinnerung und öffentlichem Gedenken". In: Aus Politik und Zeitgeschichte B3-4 (1997), S.8
[389] Vgl. Leshkowich

Außenpolitisch isoliert und von den verheerenden Auswirkungen des Krieges gezeichnet, gestaltete sich der Umstrukturierungsprozess in der Nachkriegszeit problematischer als angenommen. Armut und schwierige Bedingungen in der Subventionsperiode dämpften die überschwänglichen Erwartungen für die Friedenszeit im Norden. Das offizielle Narrativ des heldenhaften Kampfes für nationale Selbstbestimmung verlor damit zunehmend an Glaubwürdigkeit. Die Hoffnung auf eine verheißungsvolle Zukunft hatte sich für viele Kriegsveteranen nicht erfüllt. Desillusioniertheit schürte erstmals Zweifel an den gigantischen Opfern des Krieges.

> Es ist nicht das Richtige. So war es – und so war es doch nicht. Gehen wir so in die Nachwelt ein? Dann gehen wir falsch ein. Es fehlt etwas. Es fehlt: das Grauen, der Jammer, die Niedergedrücktheit, die Hoffnungslosigkeit, die Sinnlosigkeit, der Stumpfsinn, die Atmosphäre von Kollektivwahnsinn.[390]

Das „Grauen" des Krieges, das Kurt Tucholsky 1926 nach seiner Aussage bei seinem Besuch im Militärmuseum vermisste, blieb auch in der von kommunistischer Propaganda dominierten Nachkriegsgesellschaft in Vietnam unreflektiert. Mit dem Aufkommen einer literarischen Renaissance, die Veröffentlichungen wie Bao Ninhs authentischen Kriegsroman *The Sorrow of War* hervorgebracht hat, und revisionistischen Filmen fanden erstmals auch kritische Gegenakzente zum offiziellen ‚Staats-Narrativ' und das Herantasten an eine Neubewertung des Krieges öffentlichen Ausdruck in der Gesellschaft.

Ermöglicht wurden derartige kulturelle Schöpfungen erst durch den 1986 mit Doi moi eingeleiteten Wirtschaftsreformkurs der Kommunistischen Partei, der infolge des androhenden Zusammenbruchs der Sowjetunion verabschiedet wurde. Zunächst noch rein auf die Marktwirtschaft bezogen, zeichnete sich bald ab, dass ökonomischer Erfolg ohne gewisse Freiheiten auf Dauer nicht funktionieren würde. Noch ist es den kritischen Intellektuellen Hanois jedoch nicht gelungen, eine informelle Gegenöffentlichkeit zu etablieren. Als wichtige Impulse für einen allmählichen gesellschaftlichen Wandel in Vietnam

---

[390]   Kurt Tucholsky zitiert nach: Popp, Maximilian „Vom ehrlichen Kriege". In: *Spiegel Online* (04.07.2011) www.spiegel.de/spiegel/0,1518,772262-2,00.html [05.07.2011]

tragen die Öffnung für den Tourismus Mitte der 1990er Jahre und die sukzessive ‚Normalisierung' der Beziehungen zu den USA bei. 2007 wurde Vietnam als jüngstes Mitglied in die Welthandelsorganisation aufgenommen. Als aufstrebende Wirtschaftsmacht, die noch um ihre internationale Anerkennung ringt und im Schatten der Supermacht China um ausländische Investoren wirbt, muss Vietnam sich in Zukunft verantwortungsbewusster präsentieren. Die kritische Auseinandersetzung mit der eigenen Vergangenheit und die Bewältigung der darin wurzelnden Konflikte, die das Land von innen erschüttern könnten, sind Teil dieser Bestandsprobe, wenn Vietnam mit kontinuierlichem Erfolg auf internationaler Ebene agieren möchte.[391]

Erste Schritte zu einer kritisch-reflexiven Vergangenheitsaufarbeitung wurden bereits mit der Herausgabe der historischen Fachzeitschrift „Vergangenheit und Gegenwart" *(Tap chi xua va nay)* unternommen. Die allerdings nur schleppend einsetzende Autonomisierung der wissenschaftlichen Auseinandersetzung mit der eigenen Geschichte muss in Zukunft noch nachdrücklicher gefördert werden. Während die unmittelbaren Folgen von Doi moi sich zu autoritativen Herausforderungen für die Einparteienregierung entwickelt haben, indem eine zunehmende sozioökonomische Ungleichheit und ein schwelender Generationenkonflikt die sozialistische Agenda und die ideologische Forderung der Gleichheit infrage stellen, bietet der Transformationsprozess auch neue Chancen für den Ausgleich zwischen Nord und Süd. Wie Hue-Tam Ho Tai anführt, wird die von Hanoi eingeleitete wirtschaftliche Marktöffnung im Süden auch als „Versüdlichung"[392] betrachtet, da die politische Umstellung des Systems an den kapitalisierten Markt der einstigen Republik Vietnam erinnert. Für Angehörige von ARVN-Soldaten, die im Krieg für die Erhaltung eines solchen kapitalistischen Systems gekämpft haben, kann das auch als verspätete Anerkennung gedeutet werden.

---

[391] Vgl. Berg, Manfred, und Schäfer, Bernd, „Introduction". In: id., Historical Justice in International Perspective: How Societies Are Trying to Right the Wrongs of the Past, New York 2008, S. 4

[392] „Southerization", vgl. Hue-Tam Ho Tai, S. 182

Nach der Jahrtausendwende haben sich in Vietnam erste als Anzeichen von Versöhnung zu interpretierende Gesten angebahnt. In öffentlichen Stellungnahmen gestand General Vo Nguyen Giap 2005 vereinzelte Unzulänglichkeiten während der Tet-Offensive 1968 ein, durch die es zu (vermeidbaren) Todesopfern auf Seiten der Nordvietnamesischen Volksarmee gekommen war. In seiner ungewohnt kritischen Einschätzung, die er zum Teil in der Zeitschrift *xua va nay* veröffentlichte, ließ Giap auf mehr Objektivität in zukünftigen Analysen des Krieges hoffen.

Im Jahr davor wurde es dem im amerikanischen Exil lebenden früheren Premierminister der RVN, Nguyen Cao Ky, gestattet, Ho-Chi-Min-Stadt während des gesellschaftlich sehr bedeutsamen Tet-Festes zu besuchen. Es war seine erste Rückkehr nach Vietnam, seit er 1975 aus dem Land geflohen war. Seinem Besuch schrieb Ky selbst eine Botschaft der „Wiedergutmachung" zu.[393] Ein weiterer Indikator für die langsam durchdringende Dialogbereitschaft zwischen Nord und Süd offenbarte sich 2005 bei den Feierlichkeiten zum 30. Jahrestag des Kriegsendes. Um den Süden in die Feierlichkeiten mit einzubeziehen, wurde in der Öffentlichkeit darüber diskutiert, ob der letzte Befehl des ARVN-Generals Duong Van Minh zur Waffenniederlegung nicht als patriotischer Akt gewürdigt werden sollte.[394]

Wie das Museum für Ethnologie und das Dokumentarfilmfestival als Ansätze einer gelungenen Aufarbeitung der Vergangenheit verdeutlichen, hat es sich bewährt, wenn Vietnam vom Ausland bei der Vergangenheitsbewältigung unterstützt wird. In Zusammenarbeit mit der Bevölkerung muss die Erinnerungskultur diesen Weg der Auseinandersetzung in den nächsten Jahren weiter einschlagen, damit die „Sorrows of War" in Vietnam allmählich überwunden werden können.

---

[393]   „Vietnam welcomes former enemy". In: BBC News (14.01.2004). URL: news.bbc. co.uk/2/hi/asia-pacific/3395015.stm [07.07.2011]

[394]   Siehe Aussage von Luu Doan Huynh, et al, „Interchange: Legacies of the Vietnam War", S. 464

ABKÜRZUNGSVERZEICHNIS

AFN	*American Forces Network*
ARVN	Armee der Republik Vietnam
CIA	*Central Intelligence Agency*
DDR	Deutsche Demokratische Republik
DMZ	*Demilitarized Zone* (siehe EMZ)
DRV	Demokratische Republik Vietnam
EAAF	*Equipo Argentino de Antropología Forense* ("Argentinisches Team für Forensische Anthropologie")
EFEO	*École française d'Extrême-Orient*
EMZ	Entmilitarisierte Zone
GI	Infanterist der US-Armee
JUSPAO	*Joint United States Public Affairs*
KPI	Kommunistische Partei Indochinas
KPV	Kommunistische Partei Vietnam
MIA	*Missing in Action*
NGO	*Non-Governmental Organization*
NLF	*National Liberation Front*
NVA	Nordvietnamesische Volksarmee
ODP	*Orderly Departure Program*
POW	*Prisoner of War*
PTSD	*Post Traumatic Stress Disorder*
RVN	Republik Vietnam ("Südvietnam")
SEATO	*Southeast Asia Treaty Organization*
TPD	*The Centre for Assistance and Development of Movie Talents*
USAF	*US Air Force*
USIA	*United States Information Agency*

UXO	*Unexploded Ordnance*
VC	*Viet Cong*
VME	*Vietnamese Museum of Ethnology*
VNAT	*Vietnam National Administration of Tourism*
VNDSFS	*Vietnam National Documentary and Scientific Studio*
VVM	*Vietnam Veterans Memorial*
WTO	*World Trade Organization*

QUELLEN- UND LITERATURVERZEICHNIS

Quellen

Browne, Malcolm W., Das neue Gesicht des Krieges, Frauenfeld 1966

Daley, Matthew P., „Trade and Human Rights: The future of US-Vietnamese Realations". In: East Asia and Pacific Affairs before the SFRC Subcommittee on East Asian and Pacific Affairs, (12. Februar 2004), S. 1-4

Fall, Bernard B., Street without joy: Indochina at war 1946-54, Harrisburg 1961

Fallaci, Oriana, Wir, Engel und Bestien: Ein Bericht aus dem Vietnamkrieg, München 1985

Hersh, Seymour M., My Lai 4: A Report on the Massacre and its Aftermath, New York 1970

Ho Tschi Minh, Gefängnistagebuch: 102 Gedichte, München 1970

McNamara, Robert S. et al., Argument without End: In Search of Answers to the Vietnam Tragedy, New York [u.a.] 1999

Page, Tim, Another Vietnam: Pictures of the War from the Other Side, Washington D.C. 2002

Sontag, Susan, Trip to Hanoi: Journey to a City at War, London 1969

Vo Nguyen Giap, Nationaler Befreiungskrieg in Vietnam, Berlin 1973

Internetquellen

Aschwanden, Christie „Crash Site of a B-52 in Hanoi" (05.05.2007). URL: http://pulitzercenter.org/video/crash-site-b-52-hanoi [12.07.2011]

Cu Chi „Mr. Fidel Castro Ruz" http://www.cuchitunnel.org.vn/content/news.php?var=14&more=1&art=29&lan=1 [05.07.2011]

Cu Chi „Mr. David Rockefeller" http://www.cuchitunnel.org.vn/content/news.php?var=14&more=1&art=32&lan=1 [05.07.2011]

Korea Tourismus: http://german.visitkorea.or.kr/ger/SI/SI_GE_3_3_1.jsp [20.06.2011]

Internetseite von *PeaceTrees:* http://www.peacetreesvietnam.org/ [29.06.2011]

SODI! Solidaritätsdienst International e.V., „Humanitäre Kampfmittelräumung und Entwicklung in Vietnam" http://www.sodi.de/project.php?proj_id=97 [02.06.2011]

The Wall http://thewall-usa.com/ [10.06.2011]

UNHCR – The UN Refugee Agency: http://www.unhcr.de/ [02.06.2011]

Weltbank Länderinfodatenbank Vietnam: http://data.worldbank.org/ [02.06.2011]

Weggel, Oskar, „Gesamtbericht Vietnam, Kambodscha, Laos". In: Südostasien aktuell (Januar 2003). Online abrufbar: www.giga-hamburg. de/openaccess/suedostasienaktuell/2007_6/giga_soa_2007_6_dokumentation.pdf [18.07.2012]

White House, Barrack Obama: Inaugural Address, URL: http://www. whitehouse.gov/blog/inaugural-address/ [20.06.2011]

The Wandering Soul Psyop Tape of Vietnam: http://www.pcf45.com/ sealords/cuadai/wanderingsoul.html [29.06.2011]

Fachzeitschriftenartikel

Alneng, Victor, „What the Fuck is a Vietnam: Touristic Phantasms and the Popcolonization of (the) Vietnam (War)". In: Critique of Anthropology (2002), Vol. 22, S. 461-489

Anderson, David, Appy, Christian, Bradley, Mark P., et al, „Interchange: Legacies of the Vietnam War". In: The Journal of American History, September 2006, S. 452-490

Berdahl, Daphne, "Expressions of Ecperience and Experience of Expression: Museum Re-Presentations of GDR History". In: Anthropology and Humanism, Vol. 30, No. 2 (2005), S. 156-170

Behrenbeck, Sabine, „Versailles and Vietnam: Coming to Terms with War". In: Daum, Andreas, Gardner, Lloyd C. und Mausbach, Wilfried [Hrsg.] America, the Vietnam War, and the World: Comparative and International Perspectives, New York [u.a.] 2003

Berg, Manfred, und Schäfer, Bernd, „Introduction". In: id., Historical Justice in International Perspective: How Societies Are Trying to Right the Wrongs of the Past, New York 2008, S. 1-17

Bradley, Mark P., „Remembering and Forgetting War in the Contemporary Vietnamese Cinema". In: Hue-Tam Ho Tai [Hrsg.], The Country of Memory: Remaking the Past in Late Socialist Vietnam, Berkeley [u.a.] 2001, S. 196-226

Bock, Petra, „Vergangenheitspolitik in der Revolution von 1989". In: Bock, Petra und Wolfrum, Edgar [Hrsg.] Umkämpfte Vergangenheit: Geschichtsbilder, Erinnerung und Vergangenheitspolitik im internationalen Vergleich, Göttingen 1999, S. 82-99

Bohrer, Karl Heinz, „Historische Trauer und Poetische Trauer". In: Merkur, Deutsche Zeitschrift für europäisches Denken, Heft 12, 53. Jahrgang (Dezember 1999), S. 1127-1141

Brocheux, Pierre, „Ho Chi Minh: Bilder einer Ikone". In: Bundeszentrale für politische Bildung: Aus Politik und Zeitgeschichte „Vietnam" (APuZ 27/2008), S. 14-18. Online abrufbar: http://www.bpb.de/apuz/31125/ho-chi-minh-bilder-einer-ikone?p=0 [29.05.2011]

Caruth, Cathy, „Introduction". In: id., Trauma: Explorations in Memory, Baltimore [u.a.] 1996, S. 3-12

Charlot, John, „Vietnamese Cinema: The Power of the Past". In: The Journal of American Folklore, Vol. 102, No. 406, Vietnam (Okt. - Dez., 1989), S. 442-452

Clark, Laurie B, „Always Already Again: Trauma Tourism and the Politics of Memory Culture". In: Encounters 1, Department of Tourism and Transnational Studies, Dokkyo University 2010, S. 65-74

Elliott, David W.P., „Official History, Revisionist History, and Wild History". In: Bradley, Mark and Young, Marilyn B. [Hrsg], Making Sense of the Vietnam Wars: Local, National, and Transnational Perspectives, New York [u.a.] 2008, S. 277-304

Fforde, Adam, „Economics, History, and the Origins of Vietnam's Post-War Economic Success". In: Asian Survey, Vol. 49, No. 3 (Mai / Juni 2009), S. 484-504

Gainsborough, Martin, „Elites vs. Reform in Laos, Cambodia, and Vietnam". In: Journal of Democracy, Volume 23, No. 2 (April 2012), S. 34-46

Grant, Bruce, „New Moscow Monuments, or, States of Innocence". In: American Ethnologist, Vol. 28, No. 2 (Mai 2001), S. 332-362

Greiner, Bernd, „The March 1968 Massacre in My Lai 4 and My Khe 4". In: Online Encyclopedia of Mass Violence (Oktober 2009), S. 1-12

Griswold, Charles S., "The Vietnam Veterans Memorial and the Washington Mall: Philosophical Thoughts on Political Iconography". In: Critical Inquiry, 12 (Sommer 1986)

Großheim, Martin, „Erinnerungsdebatten in Vietnam". In: Bundeszentrale für politische Bildung: Aus Politik und Zeitgeschichte „Vietnam" (APuZ 27/2008), S. 19-25. Online abrufbar: http://www.bpb.de/publikationen/Y44ONW,1,0,Erinnerungsdebatten_in_Vietnam.html#art1 [29.05.2011]

Hart, Lain, „Authentic recreation: Living history and Leisure". In: *Museum and Society* (Juli 2007), S. 103-124

Henderson, Joan C., „War as a Tourist Attraction: the Case of Vietnam". In: International Journal of Tourism Research, No. 2 (2000), S. 269-280

Hess, Elizabeth, „Vietnam: Memorials of Misfortune". In: Williams, Reese, Unwinding the Vietnam War: From war into peace, Washington D.C. 1987

Hirschman, Charles, Preston, Samuel, Vu Manh Loi, "Vietnamese Casualties During the American War: A new Estimate". In: Population and Development Review, Vol. 21, No. 4 (Dec., 1995), S. 783-812

Höpken, Wolfgang, „Vergangenheitspolitik im sozialistischen Vielvölkerstaat: Jugoslawien 1944 bis 1991". In: Bock, Petra und Wolfrum, Edgar [Hrsg.], Umkämpfte Vergangenheit: Geschichtsbilder, Erinnerung und Vergangenheitspolitik im internationalen Vergleich, Göttingen 1999

Hue-Tam Ho Tai, „Introduction". In: Hue-Tam Ho Tai [Hrsg.], The Country of Memory: Remaking the Past in Late Socialist Vietnam, Berkeley [u.a.] 2001, S. 1-17

Hue-Tam Ho Tai, „Gendered Memory: Faces of Remembrance and Forgetting". In: Hue-Tam Ho Tai [Hrsg.], The Country of Memory: Remaking the Past in Late Socialist Vietnam, Berkeley [u.a.] 2001, S. 165-195

Hue-Tam Ho Tai, „Representing the Past in Vietnamese Museums". In: Curator: The Museum Journal 41, No. 3 (September 1998), S. 187-199

Hue-Tam Ho Tai, „Commemoration and Community". In: Hue-Tam Ho Tai [Hrsg.], The Country of Memory: Remaking the Past in Late Socialist Vietnam, Berkeley [u.a.] 2001, S. 227-230

Hue-Tam Ho Tai, „Monumental Ambiguity: The State Commemoration of Ho Chi Minh". In: Taylor, K. W. and Whitmore J. K. [Hrsg.], Studies on Southeast Asia No. 19: Essays Into Vietnamese Pasts, New York 1995, S. 272-288

Hue-Tam Ho Tai, „Hallowed Ground or Haunted House: The War in Vietnamese History and Tourism". In: Contemporary Issues 3. Cambridge, Fairbank Center for East Asian Research (1994)

Huynh Chau Nguyen, Nathalie, „Images of postwar Vietnam in Phan Huy Duong's *Un Amour métèque: nouvelles*". In: The French Review, Vol. 77, No. 6, Le Monde Francophone (Mai 2004), S. 1206-1216

Ignatieff, Michael, „Soviet War Memorials". In: History Workshop, No. 17 (Frühling 1984), S. 157-163

Jellema, Kate, „Everywhere incense burning: Remembering ancestors in Doi moi Vietnam". In: Journal of Southeast Asian Studies, 38 (3), Oktober 2007, S. 467-492

Kendall, Laurel, Vu Thi Thanh Tam und Nguyen The Thu Huong, „Three Godess in and out of Their Shrine". In: Asian Ethnology, Vol. 67, No. 2, Popular Religion and the Sacred Life of Material Goods in Contemporary Vietnam (2008), S. 219-236

Kennedy, Laurel B. and Williams, Mary R., „The Past without the Pain: The manufacture of Nostalgia in Vietnam's Tourism Industry". In: Hue-Tam Ho Tai [Hrsg.], The Country of Memory: Remaking the Past in Late Socialist Vietnam, Berkeley [u.a.] 2001, S. 135-163

Koselleck, Reinhart, „Kriegerdenkmale als Identitätsstiftungen der Lebenden". In: Marquard, Odo und Stierle, Karl-Heinz, Identität, München 1979, S. 255-276

Laderman, Scott, „Shaping Memory of the Past: Discourse in Travel Guidebooks for Vietnam". In: Mass Communication and Society (2002), 5: 1, S. 87-110

Ledgerwood, Judy, „The Cambodian Tuol Sleng Museum of Genocidal Crimes: National Narrative". In: Museum anthropology 21 (1) 1997, S. 82-98

Leopold, Teresa, „A Proposed Code of Conduct for War Heritage Sites". In: Ryan, Chris [Hrsg.], Battlefield Tourism: History, Place and Interpretation, Amsterdam 2007, S. 49-58

Leshkowich, Ann Marie, „Wandering Ghosts of Late Socialism: Conflict, Metaphor, and Memory on a Southern Vietnamese Marketplace". In: The Journal of Asian Studies, Vol. 67, No. 1 (Februar 2008), S. 5-61

Logan, William S., „The Cultural Role of Capital Cities: Hanoi and Hue, Vietnam". In: Pacific Affairs, Vol.78, No.4 (Winter 2005/2006), S. 559-575

Mackerras, Colin, „Theatre in Vietnam". In: Asian Theatre Journal, Vol. 4, No. 1 (Frühling, 1987), S. 1-28

MacLean, Ken, „The Rehabilitation of an Uncomfortable Past: Everday Life in Vietnam during the Subsidy Period (1975-1986)". In: History and Anthropology, Vol. 19, No. 3 (September 2008), S. 281-303

Malarney, Shaun K., „The Limits of 'State Functionalism' and the Reconstruction of Funerary Ritual in Contemporary Northern Vietnam". In: American Ethnologist, Vol. 23, No. 3 (August 1996), S. 540-560

Malarney, Shaun K., „The Fatherland Remembers Your Sacrifice: Commemorating War Dead in North Vietnam". In: Hue-Tam Ho Tai [Hrsg.], The Country of Memory: Remaking the Past in Late Socialist Vietnam, Berkeley [u.a.] 2001, S. 46-106

Marr, David G., „History and Memory in Vietnam Today: The Journal Xua & Nay". In: Journal of Southeast Asian Studies, Vol. 31, No. 1 (März 2000), S. 1-25

Mausbach, Wilfried, "European Perspectives on the War in Vietnam". In: Bulletin of the German Historical Institute (Washington DC), Vol. 30 (Spring 2002), S. 71-86. Online abrufbar: http://www.ghi-dc.org/publications/ghipubs/bu/030/71.pdf [27.06.2011]

Nguyen Van Huy und Pham Lan Huong, „The One-Eyed God at the Vietnam Museum of Ethnology: The Story of a Village Conflict". In: Asian Ethnology, Vol. 67, No. 2, Popular Religion and the Sacred Life of Material Goods in Contemporary Vietnam (2008), S. 201-218

Schlecker, Markus, „Going Back a Long Way: 'Home Place', Thrift and Temporal Orientations in Northern Vietnam". In: Journal of the Royal Anthropological Institute, 11 (2005), S. 509-526

Steinbach, Peter, „Die Vergegenwärtigung von Vergangenem. Zum Spannungsverhältnis zwischen individueller Erinnerung und öffentlichem Gedenken". In: Aus Politik und Zeitgeschichte B3-4 (1997), S. 3-13

Sturken, Maria, „The Wall, the Screen, and the Image: The Vietnam Veterans Memorial". In: Representations, No. 35, Special Issue: Monumental Histories. (Sommer, 1991), S. 118-142

Sutherland, Claire, „Repression and resistance? French colonialism as seen through Vietnamese museums". In: Museums and Society, November 2005, Vol. 3, S. 153-166

Tatum, James, „Memorials of the American War in Vietnam". In: Critical Inquiry, Vol. 22, No. 4 (Sommer, 1996) S. 634-678

Taylor, Nora A., „'Pho' Phai and Faux Phais: The Market for Fakes and the Appropriation of a Vietnamese National Symbol". In: *Ethnos*, Vol. 64:2 (1999), S. 232-248

Taylor, Nora A., „Framing the National Spirit: Viewing and Reviewing Painting under the Revolution". In: In: Hue-Tam Ho Tai [Hrsg.], The Country of Memory: Remaking the Past in Late Socialist Vietnam, Berkeley [u.a.] 2001, S. 109-134

Vu Ngu Chieu, „The Other Side of the Vietnamese Revolution: The Empire of Viet-Nam (March – August 1945)". In: Journal of Asian Studies, Vol. XLV, No. 2, (Februar 1986)

Werner, Jayne S., "Between Memory and Desire: Gender and the remembrance of war in doi moi Vietnam". In: Gender, Place and Culture (Juni 2006), Vol. 13, No. 3, S. 303-315

Wolfrum, Edgar, „Geschichtspolitik in der Bundesrepublik Deutschland 1949-1989: Phasen und Kontroversen". In: Bock, Petra und Wolfrum, Edgar [Hrsg.], Umkämpfte Vergangenheit: Geschichtsbilder, Erinnerung und Vergangenheitspolitik im internationalen Vergleich, Göttingen 1999, S. 55-81

Zinoman, Peter, „Reading Revolutionary Prison Memoirs". In: Hue-Tam Ho Tai [Hrsg.], The Country of Memory: Remaking the Past in Late Socialist Vietnam, Berkeley [u.a.] 2001, S. 21-45

Sammelbände

Anderson, David L, [Hrsg.] The War that never ends: new perspectives on the Vietnam War, Lexington 2007

Bradley, Mark and Young, Marilyn B. [Hrsg], Making Sense of the Vietnam Wars: Local, National, and Transnational Perspectives, New York [u.a.] 2008

Daum, Andreas, Gardner, Lloyd C. und Mausbach, Wilfried [Hrsg.] America, the Vietnam War, and the World: Comparative and International Perspectives, New York [u.a.] 2003

Hue-Tam Ho Tai [Hrsg.], The Country of Memory: Remaking the Past in Late Socialist Vietnam, Berkeley [u.a.] 2001

Ryan, Chris [Hrsg.], Battlefield Tourism: History, Place and Interpretation, Amsterdam 2007

Taylor, K. W. and Whitmore J. K. [Hrsg.], Studies on Southeast Asia No.19: Essays Into Vietnamese Pasts, New York 1995

Watson, Rubie S. [Hrsg.], Memory, History and Opposition Under State Socialism, Washington 1994

Artikel aus Zeitungen und Magazinen

Autor unbekannt, „The Profit Hunters". In: *The Economist* Issue: 7867, 11. 06.1994, S. 75

Autor unbekannt, „The Untold Stories of Hien Luong Bridge". In: People's Army Newspaper Online *(Quan doi nhan dan)*. URL: http://www. qdnd.vn/QDNDSite/en-us/75/72/184/164/207/63044/Default.aspx [15.06.2011]

Autor unbekannt, „Thousands of people attend funeral of Heroic Mother" (13.12.2010). Auf: Vietnam.net. URL: http://english.vietnamnet.vn/en/society/2651/thousands-of-people-attend-funeral-of-heroic-mother.html [13.06.2011]

Autor unbekannt, „Construction of Heroic Vietnamese Mother monument begins". In: VFEJ.vn (Dien dan cac nha bao moi truong viet nam) (28.07.2009). URL: http://www.vfej.vn/en/detail/16829/construction_of_heroic_vietnamese_mother_monument_begins [13.06.2011]

Autor unbekannt, „Der Rockpile". In: NAM: Die Vietnam-Erfahrung 1965-75, Heft 4 (Hamburg 1987), S. 114

Autor unbekannt, „Vietnam welcomes former enemy". In: BBC News (14.01.2004). URL: http://news.bbc.co.uk/2/hi/asia-pacific/3395015.stm [07.07.2011]

Baker, Peter, „Could Afghanistan become Obama's Vietnam?". In: *The New York Times* (23.08.2009). URL: http://www.nytimes.com/2009/08/23/weekinreview/23baker.html [15.05.2011]

Braumann, Randy, „Die Macht der Bilder". In: ADAC Reisemagazin Nr.83, Vietnam, Laos & Kambodscha (November/Dezember 2004), S. 100-111

Brocheux, Pierre, „Die Geschichtsschreibung Vietnams". In: www.arte.tv/de/suche/1063658.html (20.04. 2008) [29.06.2011]

Broyles, William, „The Road to Hill 10: A Veteran's Return to Vietnam". In: Atlantic Magazine (April 2008). Im Onlinearchiv abrufbar: http://www.theatlantic.com/magazine/archive/1985/04/the-road-to-hill-10/6463/ [05.07.2011]

Burghardt, Peter, „Das Mosaik des Terrors". In: *Süddeutsche Zeitung* (28.06.2012)

Buruma, Ian, „Ein Denkmal setzt Maßstäbe: Das Vietnam Veterans Memorial in Washington". In: du – Zeitschrift für Kultur, Vietnam: Dossier Erinnerung, Heft Nr.7/8. (Juli/August 1997), S. 106-111

Erlanger, Steven, „Saigon in Transition and in a Hurry". In: New York Times Travel Magazine (17.05.1992). Online abrufbar: http://www.nytimes.com/1992/05/17/magazine/saigon-in-transition-and-in-a-hurry.html [08.07.2011]

Gluckman, Ron, „Back to China Beach". In: *Wall Street Journal* (September 1997). Online abrufbar: http://www.gluckman.com/ChinaBeachVietnam.html [04.07.2011]

Gluckman, Ron, „Revolutionary Art". In: *Wall Street Journal* (Juli 2006). Online abrufbar: http://www.gluckman.com/VietnamPropaganda.html [05.07.2011]

Goldenberg, Suzanne, „Why Vietnam's best-known author has stayed silent". In: *The Observer* (19.11.2006) http://www.guardian.co.uk/world/2006/nov/19/books.booksnews [01.07.2011]

Helms, Amos, „Der XI. Parteitag der Kommunistischen Partei Vietnams (KPV)". Homepage der Konrad Adenauer Stiftung Hanoi (15.02.2011). URL: http://www.kas.de/vietnam/de/publications/21910/ [26.06.2011]

Hörst, Kyle R., „Brücke über einen Fluss des Schicksals: Der Erste amerikanische Botschafter in Hanoi. „Pete" Peterson im Gespräch mit R. Kyle Hörst". In: du – Zeitschrift für Kultur, Vietnam: Dossier Erinnerung, Heft Nr. 7/8. (Juli/August 1997), S. 33-35

Ignatius, David, „Vietnamese Begin to Question If war Was Worth Sacrifices: Popular New Book Is a Soldier's Angry Tale". In: *Washington Post* (12.11.1991)

Kingma, Renate, „Kriegstrauma: Noichmal davongekommen". In: *Frankfurter Rundschau* (26. Juni 2009). Online abrufbar: www.fr-online.de/wissenschaft/kriegstrauma-nochmal-davongekommen,1472788,3188488.html [06.07.2011]

Krebs, Verena, „Die Dschungelshow: Im vietnamesischen Cu Chi werden Touristen launig durch die Welt der Vietcong-Kämpfer geführt". In: *Süddeutsche Zeitung* (10.12.2009)

Lamb, David, „His Life Is Linked to the Pilot He Saved". In: *Los Angeles Times* (06.06.1998). URL: http://articles.latimes.com/1998/jun/06/news/mn-57061 [05.05.2011]

Marek, Michael, „Der letzte Zeuge von My Lai". In: *Hamburger Abendblatt* (11.03.2008). URL: http://www.abendblatt.de/politik/ausland/article524109/Der-letzte-Zeuge-von-My-Lai.html [15.06.2011]

Matern, Tobias, „Gerangel um den ‚Zweiten Golf von Persien'". In: *Süddeutsche Zeitung* (13.07.2012)

Müller, Nicole, „Besuch auf dem Schlachtfeld". Auf: *Spiegel Online* (26.06.2002). URL: http://www.spiegel.de/reise/fernweh/0,1518,202534,00.html [16.06.2011]

Mydans, Seth, „Visit the Vietcong's World: Americans Welcome". In: *The New York Times* (07.07.1999)

Mydans, Seth, „Vietnam Sees War's Legacy in Its Young". In: *The New York Times* (16.05.1999)

Nienhuysen, Frank, „Zeichen setzen am Pazifik". In: *Süddeutsche Zeitung* (06.06.2012)

Ranzau, Tessa, „Volksrepublik im Höhenflug". Auf: *Focus Money Online* (08.05.2010), URL: http://www.focus.de/finanzen/boerse/aktien/tid-18153/asien-junge-und-gut-gebildete-bevoelkerung_aid_505422.html [29.06.2011]

Schmidt, Udo, „Der Ton zwischen Vietnam und China wird rauer". Auf: *tagesschau.de*: http://www.tagesschau.de/ausland/vietnamchina102. html (15.06.2011) [15.06.2011]

Wertz, Armin, „Bärtiger Fisch aus Feindesland: Wenn die Fairness des Welthandels der Freiheit des Welthandels im Wege steht". In: *Der Freitag* (19.07.2002). URL: http://www.freitag.de/2002/30/02300701.php [07.07.2011]

Sekundärliteratur

Appy, Christian G., Patriots: The Vietnam War Remembered From All Sides, New York 2003

Assmann, Aleida, Der lange Schatten der Vergangenheit: Erinnerungs-kultur und Geschichtspolitik, München 2006

Assmann, Jan, Das Kulturelle Gedächtnis: Schrift, Erinnerung und politische Identität in frühen Hochkulturen, München 1997

Bilton, Michael und Sim, Kevin, Four hours in My Lai, New York [u.a.] 1993

Bleakney, Julia, Revisiting Vietnam: Memoirs, Memorials, Museums, New York [u.a.] 2006

Bradley, Mark Philip, Vietnam At War, New York [u.a.] 2009

Buchanan, Sherry, Vietnam Zippos: American Soldiers' Engravings and Stories (1965-1973), Chicago 2007

Buruma, Ian, Erbschaft der Schuld: Vergangenheitsbewältigung in Deutschland und Japan, München 1994

Campbell, Neil, Kean, Alasdair, American Cultural Studies: An Introduction to American Culture, New York 2001

Eisner, Rivka Syd Matova, Re-staging Revolution and Remembering Toward Change: National Liberation Front Women Perform Prospective Memory in Vietnam, Chapel Hill 2008

Engelmann, Larry, Tears before the Rain: An Oral History of the Fall of South Vietnam, New York 1997

Erll, Astrid, Kollektives Gedächtnis und Erinnerungskulturen: Eine Einführung, Stuttgart 2005

Fitzgerald, Frances, Fire in the Lake: The Vietnamese and the Americans in Vietnam, New York 2002

Frey, Marc, Geschichte des Vietnamkriegs: Die Tragödie in Asien und das Ende des amerikanischen Traums, München 1998

Giebel, Christoph, Imagined Ancestries of Vietnamese Communism: Ton Duc Thang and the Politics of History and Memory, Washington 2004

Greiner, Bernd, Krieg ohne Fronten: die USA in Vietnam, Hamburg 2007

Großheim, Martin, Die Partei und der Krieg: Debatten und Dissens in Nordvietnam, Berlin 2009

Halbwachs, Maurice, Das kollektive Gedächtnis, Stuttgart 1967

Jamieson, Neil L., Understanding Vietnam, London [u.a.] 1995

Jeffords, Susan, The Remasculinization of America: Gender and the Vietnam War, Bloomington [u.a.] 1991

Karnow, Stanley, Vietnam: A History, New York [u.a.] 1983

Keegan, John, Der Amerikanische Bürgerkrieg, Berlin 2009

Kleinen, John, Facing the Future, Reviving the Past: A Study of Social Change in a Northern Vietnamese Village, Singapore 1999

Kolko, Gabriel, Vietnam: Anatomy of a war, 1940-1975, London [u.a.] 1986

Kracht, Christian, Der gelbe Bleistift, München 2008

Kwon, Heonik, Ghosts of War in Vietnam, New York [u.a.] 2008

Kwon, Heonik, After the massacre: commemoration and consolation in Ha My and My Lai, London [u.a.] 2006

Laderman, Scott, Tours of Vietnam: War, Travel Guides and Memory, Durham 2009

Leys, Ruth, Trauma: A Genealogy, Chicago 2000

Liebsch, Burkhard und Rüsen, Jörn [Hrsg.], Trauer und Geschichte, Weimar [u.a.] 2001

Lippard, Lucy R., On the Beaten Track: Tourism, Art, and Place, New York 1999

Logan, William S., Hanoi: Biography of a City, Sydney 2000

Malarney, Shaun Kingsley, Culture Ritual and Revolution in Vietnam, London 2002

Mangold, Tom, Penycate, John, The Tunnels of Cu Chi: A Harrowing Account of America's "Tunnel Rats" in the Underground Battlefields of Vietnam, New York 2005

Neale, Jonathan, Der amerikanische Krieg: Vietnam 1960-1975, Köln 2004

Nora, Pierre, Zwischen Geschichte und Gedächtnis, Frankfurt a. M. 1998

Nora, Pierre [Hrsg.], Erinnerungsorte Frankreichs, München 2005

Sallah, Michael und Weiss, Mitch, Tiger Force: The Shocking true story of American Soldiers out of Control in Vietnam, London 2007

Schütte, Heinz, Fünfzig Jahre danach: Hundert Blumen in Vietnam 1954-1960, Berlin 2010

Schwenkel, Christina, The American War in Contemporary Vietnam: Transnational Remembrance and Representation, Bloomington 2009

Shay, Jonathan, Achilles in Vietnam: Combat Trauma and the Undoing of Character, New York [u.a.] 2003

Stern, Lewis M., Defense Relations Between the United States and Vietnam: The Process of Normalization, 1977-2003, London [u.a.] 2005

Tappe, Oliver, Geschichte, Nationsbildung und Legitimationspolitik in Laos: Untersuchungen zur laotischen nationalen Historiographie und Ikonographie, Berlin 2008

Thomas, C. David, As Seen by Both Sides: American and Vietnamese Artists look at the War, Amherst 1991

Von Brandt, A., Werkzeug des Historikers: Eine Einführung in die Historischen Hilfswissenschaften, Stuttgart 1971

Wahnich, Sophie, Lasticova, Barbara und Findor, Andrej [Hrsg.], Politics of Collective Memory: Cultural Patterns of Commemorative Practices in Post-War Europe, Berlin [u.a.] 2008

Westheider, James E., The African American Experience in Vietnam: Brothers in Arms, Lanham 2008

Winter, Jay, Sites of Memory, Sites of Mourning: The Great War in European Cultural History, Cambridge 1995

Williams, Paul, Memorial Museums: the Global Rush to Commemorate Atrocities, New York [u.a.] 2007

Rezensionen

Berg, Manfred, Rezension von: Greiner, Bernd: Krieg ohne Fronten: Die USA in Vietnam, Hamburg 2007. In: Sehepunkte 8 (2008), Nr. 1, URL: http://www.sehepunkte.de/2008/01/13788.html [30.06.2011]

Frey, Marc, Rezension von: Großheim, Martin, Die Partei und der Krieg: Debatten und Dissens in Nordvietnam, Berlin 2009. In: H-Soz-u-Kult (April 2011), URL: http://www.h-net.org/reviews/showrev.php?id=32976 [18.05.2011]

Memoiren

McCain, John und Salter, Mark, Faith of my fathers, New York 2000

McNamara, Robert S. und VanDeMark, Brian, Vietnam: Das Trauma einer Weltmacht, München 1997

Westmoreland, William C., A soldier reports, Garden City, New York 1976

Romane und Kurzgeschichten

Bao Ninh, The Sorrow of War, London 1993

Caputo, Philip, A Rumor of War, New York 1996

Duong Thu Huong, No Man's Land, New York [u.a.] 2005

Duong Thu Huong, Roman ohne Namen (übers. v. Ursula Lies), Zürich 1997

Duong Thu Huong, Paradise of the Blind, London [u.a.] 1993

Hayslip, Le Ly und Wurts, Jay, Geboren in Vietnam: Eine Lebensge-schichte, Hamburg 1992

Herr, Michael, An die Hölle verraten ›Dipatches‹, Berlin 1979

Karlin, Wayne, Le Minh Khue & Truong Vu [Hrsg.], The Other Side of Hea-ven: Post-war Fiction by Vietnamese & American Writers, Willimantic, CT 1995

Nguyen Huy Thiep, „Der General im Ruhestand". In: du – Zeitschrift für Kultur, Vietnam: Dossier Erinnerung, Heft Nr. 7/8. (Juli/August 1997), S. 36-41

O'Brien, Tim, If I Die In A Combat Zone: Box Me Up and Ship Me Home, New York 1973

Pham, Andrew X., Catfish and Mandala: A Two-Wheeled Voyage through the Landscape and Memory of Vietnam, New York 1999

Pham, Andrew X., The Eaves of Heaven: A Life in Three Wars, New York 2008

Pham Thi Hoai, Sonntagsmenü, Zürich 1995

Pham Thi Hoai, „Zwiesprache Vietnamesisch". In: du – Zeitschrift für Kultur, Vietnam: Dossier Erinnerung, Heft Nr. 7/8. (Juli/August 1997), S. 103-105

Filme

Bui Thac Chuyen, Song trong so hai ("Living in Fear"), 110 Min., 2005

Dang Nhat Minh, Bao gio cho den thang muoi ("When the Tenth Month Comes"), 95 Min., 1984

Mac Van Chung, Ban tho cua me ("The Altar of the Mother"), 25 Min., 2006

Vuong Khanh Luong, Dat to que cha ("Der Heimatboden"), 50 Min., 2008

PERSONENREGISTER